CARL JUNG DE LA SINCRONICIDAD Y COINCIDENCIA

Comprendiendo El Lenguaje Del Universo Y La Danza Del Azar : Entre Coincidencias Y Destinos Bajo La Vision de Carl Gustav Jung.

Neville Jung

Primera edición abril de 2024
COPYRIGHT©2024 Neville Jung

Todos los derechos reservados. Ninguna parte de esta publicación puede ser reproducida, distribuida o transmitida en ninguna forma ni por ningún medio, incluyendo fotocopias, grabaciones u otros métodos electrónicos o mecánicos, sin la previa autorización por escrito del autor, excepto en el caso de citas breves incluidas en reseñas críticas y otros usos no comerciales permitidos por la ley de derechos de autor.

La información presentada en este libro se basa en la experiencia e investigación del autor. Aunque se ha hecho todo lo posible por garantizar su precisión y exhaustividad, ni el autor ni el editor asumen responsabilidad alguna por errores, omisiones o interpretaciones divergentes del contenido aquí presentado. Cualquier posible desaire hacia personas, pueblos u organizaciones específicas es involuntario. Este libro no pretende sustituir el asesoramiento médico o psicológico profesional. Los lectores deben consultar con proveedores de salud calificados respecto a cuestiones específicas relacionadas con la salud mental.

COPYRIGHT© Jaxbird LLC

Contenido

Prefacio 5

1. Exposición 8

2. Un experimento astrológico 62

   Investigación Piloto 65

   Análisis Del Primer Lote 68

   Comparación Entre Todos Los Lotes 72

3. Precursores De La Idea De Sincronicidad 89

4. Conclusión 116

5. RESUMEN 140

Sobre Carl Jung 144

OTROS LIBROS EN ESTA SERIE

Colección

Neville Goddard
Incluye: A Tus Órdenes, Sentir es El Secreto, Fuera de Este Mundo, Tiempo de Siempre y Cosecha y La Búsqueda.

Colección
Charles Fillmore
Incluye: Las 12 Lecciones De Prosperidad, Lecciones Para Sanar Tu Vida Y Charlas Sobre La Verdad

Colección
Thomas Troward
Incluye: Conferencias De Edimburgo, El Poder Oculto, La Ley Y La Palabra Y Otras Enseñanzas Del Nuevo Pensamiento.

Prefacio

Al redactar este libro, he cumplido con una promesa que durante largo tiempo no me atreví a satisfacer. Las barreras que enfrentaba para su elaboración me parecían insuperables, dada la carga intelectual requerida para emprender un proyecto de tal magnitud y mis propias limitaciones en el ámbito científico. Sin embargo, decidí superar mis reticencias y abordar el tema gracias a que, con el paso de los años, mis experiencias relacionadas con el fenómeno de la sincronicidad se han intensificado. Además, mis investigaciones sobre la historia de los símbolos, especialmente sobre Piscis, me han brindado un acercamiento más profundo a este fenómeno. Esto, unido a los veinte años mencionando la existencia de la sincronicidad en mis trabajos previos sin analizarla detalladamente, me motivó a querer resolver esta situación pendiente, aunque fuera de manera provisional. Con este intento, aspiro a presentar un análisis coherente sobre el tema, confiando en la comprensión y apertura del lector hacia ideas que pueden parecer inusuales.

Se le invita a explorar áreas de la experiencia humana que, por su naturaleza, son complejas y están cargadas de prejuicios, además de presentar retos intelectuales inherentes al examen y esclarecimiento de un asunto tan abstracto. Como se dará cuenta el lector tras avanzar en la lectura, este texto no pretende ser un estudio detallado del fenómeno, sino más bien un intento por delinear el problema, explorar algunas de sus múltiples facetas y conexiones, y arrojar luz sobre un área de gran relevancia filosófica que hasta ahora ha permanecido en la sombra. Desde mi rol de psiquiatra y psicoterapeuta, he enfrentado este problema frecuentemente, convenciéndome del profundo impacto que estas experiencias internas tienen para mis pacientes. A menudo son aspectos de sus vidas que ocultan por temor al ridículo. Fue revelador descubrir la cantidad de personas que han vivido experiencias de este tipo y la manera en que han guardado esos secretos celosamente. Por lo tanto, mi interés en este tema surge tanto de un compromiso humano como científico.

Durante la elaboración de este libro, he contado con el apoyo invaluable de varios amigos mencionados en el texto. Quisiera expresar mi agradecimiento especial a la doctora Liliane Frey-Rohn, por su invaluable asistencia en los aspectos astrológicos.

1. Exposición

Los avances de la física moderna han revolucionado nuestra comprensión del universo, desafiando la noción de la inmutabilidad de las leyes naturales al demostrar que estas son, de hecho, relativas. Dichas leyes funcionan como verdades estadísticas, completamente fiables únicamente cuando se aplican a grandes cantidades. Sin embargo, al lidiar con partículas diminutas, las predicciones se vuelven inciertas o directamente imposibles, ya que no se ajustan de la misma manera a las leyes naturales tal como las conocemos.

La causalidad, principio filosófico que fundamenta nuestra concepción de las leyes naturales, resulta ser solo relativamente cierta cuando se basa en estadísticas. Esto sugiere que la utilidad del principio causal para explicar procesos naturales es también relativa, insinuando la necesidad de factores adicionales para una explicación completa. Esto equivale a reconocer que la conexión entre ciertos eventos puede no ser causal en determinados contextos, exigiendo así un principio explicativo alternativo.

Buscar eventos no causales en el macrocosmos sería en vano, ya que nos resulta difícil concebir sucesos no enlazados por la causalidad. No obstante, esto no niega la posible existencia de tales fenómenos, cuya base lógica radica en la naturaleza estadística de la verdad.

La investigación experimental se enfoca en identificar sucesos regulares y replicables, excluyendo los acontecimientos únicos o poco comunes. Además, el experimento establece condiciones específicas con el fin de obtener respuestas a preguntas planteadas por el ser humano, lo que significa que cada respuesta está influenciada por la naturaleza de la pregunta, resultando en un producto de naturaleza híbrida. La perspectiva científica del mundo, construida sobre esta base, no puede ser más que una visión parcial que ignora aquellos aspectos no capturables mediante la estadística. Para comprender fenómenos únicos y poco comunes, dependemos de descripciones igualmente singulares, lo que podría conducir a una colección caótica de rarezas, no muy diferente a las vitrinas de curiosidades de antiguos museos de historia natural. Aunque en las ciencias descriptivas, especialmente en biología, basta un solo ejemplar para confirmar la existencia de un organismo, los fenómenos efímeros que no dejan rastro físico se enfrentan al escepticismo, superable solo mediante la acumulación de testimonios creíbles.

En este contexto, resulta crucial determinar si un evento aparentemente único ha ocurrido en otros lugares, siendo el consenso general un importante, aunque empíricamente dudoso, indicador sociológico. Los eventos únicos y efímeros, cuya existencia no puede afirmarse ni negarse, quedan fuera del alcance de la ciencia empírica; los eventos raros pueden considerarse ciertos si se cuenta con suficientes observaciones individuales serias. La posibilidad de tales eventos es un concepto mutable, sujeto a los criterios racionalistas de cada época.

En biología, y posiblemente en otros campos, las explicaciones causales a menudo resultan insuficientes, lo que nos lleva a explorar la existencia de un dominio en el cual los sucesos no causales no solo son posibles sino reales. Este es el ámbito de la casualidad, donde eventos aparentemente azarosos no muestran una relación causal evidente. Aunque se tiende a buscar explicaciones causales para la casualidad, si el principio de causalidad es en sí relativo, entonces existen eventos que no pueden ser explicados por relaciones causales, planteando el desafío de distinguir entre lo causal y lo acausal. Esto requiere una evaluación estadística meticulosa para discernir entre ambos tipos de eventos, subrayando la importancia de no pasar por alto los fenómenos acausales, aunque sean relativamente raros.

Abordar el material empírico sin un criterio claro de diferenciación resulta complicado. ¿Cómo identificar combinaciones acausales de eventos si es inviable examinar la causalidad detrás de todos los sucesos casuales? Se reconoce que los eventos acausales emergen más fácilmente en contextos donde una conexión causal parece improbable. Un ejemplo de esto es la "duplicidad de casos", un fenómeno bien conocido en la práctica médica, donde eventos similares ocurren repetidas veces, lo que llevó a Kammerer a proponer la "ley de series", ilustrada con ejemplos notables. En muchos de estos casos, la probabilidad de una conexión causal entre los eventos coincidentes es prácticamente nula. Por ejemplo, la coincidencia de números entre un billete de tranvía y una entrada de teatro, seguida de una llamada telefónica mencionando el mismo número, hace que una relación causal entre estos sucesos parezca altamente improbable, a pesar de que cada uno debe tener su causa.

Kammerer sugiere que, aunque las "tendencias" o secuencias de hechos casuales no respondan a una causa común, son expresiones de inercia y persistencia, explicando la simultaneidad como una "imitación". Sin embargo, esta interpretación parece contradictoria, ya que no excluye estos eventos del ámbito de lo explicable, sino que los mantiene dentro de él, posiblemente reducibles a múltiples causas. Sus conceptos de serie, imitación, atracción e inercia reflejan una visión causal del mundo, indicando que el azar se asocia a la probabilidad estadística y matemática. Los datos de Kammerer muestran eventos aleatorios cuya única "ley" es la probabilidad, sugiriendo que no hay razón para buscar más allá de esto. Sin embargo, Kammerer parece buscar una ley de serie que coexista con la causalidad y la finalidad, una tendencia no justificada en su trabajo. Esta contradicción puede deberse a su intuición sobre la disposición y combinación de fenómenos acausales, motivada por su sensibilidad y profundidad, y su decisión científica de proponer una serie acausal basada en la evidencia empírica, aunque dentro de los límites de la probabilidad. Desafortunadamente, no logró una evaluación cuantitativa de estas secuencias, un desafío indudablemente difícil de superar. Aunque el enfoque casuístico puede orientar, solo la evaluación cuantitativa o el método estadístico pueden prometer resultados concretos en el estudio del azar.

Las agrupaciones casuales o series parecen carecer de significado según nuestro actual entendimiento, ajustándose generalmente a la probabilidad. Sin embargo, hay incidentes cuya "probabilidad" invita a la reflexión. Un ejemplo personal lo observé el 1 de abril de 1949: era viernes, y coincidentemente teníamos pescado para comer, se mencionó la tradición de las inocentadas de ese día, y se produjeron varios encuentros relacionados con peces, desde dibujos hasta sueños, mientras yo estudiaba la simbología del pez en la historia. Esto ocurrió sin que la mayoría de los involucrados supieran de mi interés en el tema.

Es razonable interpretar ciertos encuentros como coincidencias significativas, es decir, conexiones que no se rigen por la causalidad. Personalmente, estos eventos me han causado una gran impresión, sugiriéndome incluso un carácter sobrenatural. Frecuentemente nos sentimos inclinados a pensar que "esto no puede ser simplemente una coincidencia", aunque no sepamos precisar el significado de nuestras palabras. Kammerer probablemente habría aludido a su concepto de "serialidad" frente a tales impresiones. Sin embargo, la intensidad de una impresión no valida la coincidencia fortuita de tales eventos. Aunque resulte sorprendente la repetición del tema del pez seis veces en un lapso de 24 horas, debemos considerar que comer pescado los viernes y las referencias al "pescado de abril" el 1 de abril son prácticas comunes. Mi trabajo en la simbología del pez durante ese periodo y el simbolismo recurrente del pez como representación de deseos inconscientes no ofrecen justificación para atribuir a estos encuentros algo más que el azar. Por lo tanto, las secuencias o series formadas por eventos comunes deben ser vistas, por ahora, como coincidencias fortuitas y clasificadas como conexiones acausales. La visión predominante es que todas las coincidencias son meras casualidades y no requieren interpretaciones acausales. Esta perspectiva se sostiene mientras no se demuestre que la frecuencia de tales coincidencias supera los límites de la probabilidad. Si se probase lo contrario, indicaría que existen combinaciones de eventos no causales que requieren para su explicación un factor ajeno a la causalidad. En ese caso, deberíamos reconocer que los fenómenos están interconectados tanto por cadenas causales como por conexiones cruzadas significativas.

Schopenhauer, en su ensayo "Sobre el diseño aparente en el destino del individuo", fue pionero en los conceptos que estoy explorando. Se enfoca en la simultaneidad de eventos no relacionados causalmente, a los que denominamos "azar", y los compara con una disposición geográfica donde los paralelos actúan como conexiones transversales entre meridianos, vistos como cadenas causales.

Según Schopenhauer, los eventos en la vida de una persona se entienden bajo dos tipos de conexiones: la conexión objetiva y causal del proceso natural y la conexión subjetiva, que depende de la percepción del individuo y es tan subjetiva como sus sueños. Ambos tipos de conexión coexisten, haciendo que el evento sirva de enlace entre dos cadenas distintas, creando un destino entrelazado que supera nuestra comprensión, posible solo a través de una armonía preestablecida.

Schopenhauer identifica a la Voluntad Trascendental como la causa primera, de la que emergen todas las cadenas causales y establecen conexiones significativas a través de su cruce. Aunque creía en un determinismo absoluto y en una causa primera, estas suposiciones carecen de prueba. La causa primera es un mito filosófico, creíble solo como una unidad que es también múltiple. La validez estadística de las leyes naturales y el indeterminismo que permiten sugieren que la explicación de coincidencias significativas requiere algo más que la causalidad. Los pensamientos de Schopenhauer, aunque provenientes de una época dominada por la causalidad como categoría explicativa a priori, reconocen la complejidad del problema sin ofrecer soluciones simplistas. Al abordar este desafío desde una base trascendental, sugiere que la Voluntad informa la existencia a todos los niveles, creando no solo armonía entre eventos simultáneos sino también predestinando eventos futuros en forma de destino o providencia.

Frente al habitual pesimismo de Schopenhauer, su teoría emana un tono inesperadamente amigable y optimista, algo difícil de resonar en la actualidad. Nos separa de su tiempo uno de los siglos más desafiantes e influyentes, una era aún cercana a concepciones medievales donde el pensamiento filosófico pretendía superar los límites de la demostración empírica. Schopenhauer, con una visión filosófica genuina, abrió un espacio para la reflexión sobre una fenomenología que aún no estaba listo para comprender plenamente, aunque la esbozó con notable precisión. Reconoció que la astrología y métodos intuitivos de interpretación del destino compartían un núcleo común, que intentó descubrir a través de la "especulación trascendental", identificando correctamente el problema como fundamental y distinto, rechazando las nociones simplistas de transmisión de energía.

El enfoque de Schopenhauer es particularmente notable dado que se produjo en un momento en que los avances en las ciencias naturales habían convencido a la sociedad de que la causalidad era el principio explicativo último. En lugar de descartar aquellas experiencias que se resistían a someterse a la causalidad, trató de integrarlas en su visión determinista del mundo, desafiando conceptos como prefiguración y armonía preestablecida, elementos siempre presentes en las explicaciones humanas de la naturaleza dentro de un marco causal.

La investigación sobre la probabilidad de eventos telepáticos y coincidencias significativas por parte de Gurney, Myers, Podmore, y los estudios posteriores de Dariex, Richet, y Flammarion, enfrentaron estos fenómenos desde una perspectiva estadística, destacando la improbabilidad astronómica de tales coincidencias como meros productos del azar. Flammarion, al analizar "fantasmas en vida" y otras coincidencias, intuyó, aunque de manera inconsciente, la existencia de un principio subyacente más amplio.

Wilhelm von Scholz y Herbert Silberer, cada uno desde su perspectiva, aportaron a la discusión sobre la naturaleza de las coincidencias significativas, ya sea a través de historias sobre la recuperación de objetos perdidos o robados, o el análisis psicológico de estas coincidencias. Silberer, sin considerar fenómenos parapsicológicos, se limitó a una crítica psicológica de nuestras evaluaciones del azar.

El trabajo de Dariex sobre precogniciones telepáticas de la muerte presentó una probabilidad de 1 en 4.114.545, lo que sugiere que la explicación de estas precogniciones como meras coincidencias es extremadamente improbable. Este hallazgo desafía la noción de que tales eventos pueden ser descartados como casualidades, apuntando en cambio hacia la existencia de conexiones significativas acausales entre eventos que trascienden nuestra comprensión tradicional de la causalidad.

Del mismo modo, el cálculo de Flammarion sobre la probabilidad de encuentros con "fantasmas en vida" arroja una cifra aún más asombrosa de 1 en 804.622.222. Esta estadística refuerza la idea de que ciertos fenómenos, que a primera vista parecen ser extraordinariamente improbables, podrían no ser simplemente el resultado del azar, sino indicativos de un principio subyacente más amplio que rige estas coincidencias significativas.

La evidencia más convincente de la existencia de eventos acausales proviene de los experimentos de J.B. Rhine en parapsicología, que desafiaron la noción tradicional de causalidad con resultados estadísticamente significativos en pruebas de percepción extrasensorial, aunque su pleno significado y alcance aún no han sido completamente reconocidos por la comunidad científica. Estos experimentos, especialmente aquellos que superaron ampliamente las probabilidades del azar, sugieren la necesidad de revisar nuestra comprensión de las conexiones entre eventos, apuntando hacia una realidad en la que la causalidad y la acausalidad coexisten, expandiendo nuestra concepción del universo y las leyes que lo rigen.

Después de la inicial serie de pruebas, se incrementó la separación física entre el experimentador y el participante, alcanzando en un caso hasta doscientas cincuenta millas. El promedio de aciertos en una amplia cantidad de pruebas ascendió a 10,1 por cada veinticinco cartas. En un conjunto diferente de pruebas, con el experimentador y el sujeto en el mismo espacio, el promedio fue de 11,4 aciertos de veinticinco; si el participante estaba en una habitación adyacente, se registraron 9,7 aciertos de veinticinco; y a dos habitaciones de distancia, el promedio fue de 12 de veinticinco. Rhine hace referencia al estudio de F. L. Usher y E. L. Burt, quienes, a más de novecientas sesenta millas de distancia, lograron resultados alentadores. Experimentos con relojes sincronizados entre Durham, en el norte de California, y Zagreb, Yugoslavia, separados por cerca de cuatro mil millas, también arrojaron resultados positivos.

La indiferencia de la distancia en estos casos sugiere que no estamos ante un fenómeno de fuerza o energía, ya que, de ser así, al incrementarse la distancia y la dispersión, el efecto disminuiría, probablemente de manera proporcional al cuadrado de la distancia. Dado que esto no sucede, debemos considerar que la mente puede alterar la distancia y, bajo ciertas condiciones psíquicas, reducirla a un punto insignificante.

Es especialmente notable que el tiempo tampoco parezca ser un factor limitante; esto indica que la probabilidad de predecir una secuencia de cartas supera lo que se esperaría por azar. Los experimentos de Rhine sobre el tiempo muestran una probabilidad de 1:400 000, lo que sugiere la existencia de un elemento independiente del tiempo. Esto nos lleva a pensar en una relativa independencia psíquica del tiempo, ya que los experimentos trataban sobre la percepción de eventos futuros. Bajo estas circunstancias, el tiempo parece quedar obsoleto por una condición psíquica capaz de eliminar también el espacio. Si en los experimentos espaciales concluimos que la energía no se atenúa con la distancia, en los temporales no podemos siquiera considerar una relación energética entre la percepción y el evento futuro. Desde el principio, debemos descartar cualquier interpretación basada en energía, indicando que tales eventos no se pueden explicar mediante causalidad, la cual presupone la existencia de espacio y tiempo.

Dentro de los estudios de Rhine, también se incluyen aquellos realizados con dados. Se pedía al participante lanzar los dados (mediante un mecanismo) deseando que un número específico, como el tres, apareciese tantas veces como fuera posible. Los resultados de este experimento de psicocinética (PK) fueron positivos, aumentando con el número de dados lanzados simultáneamente. Si el espacio y el tiempo resultan ser relativos psíquicamente, entonces el movimiento también debe estar sujeto a una relatividad semejante.

Un aspecto crucial de estos experimentos es que la cantidad de aciertos tiende a disminuir tras el primer intento, volviéndose negativos. Sin embargo, si el sujeto recupera el interés por alguna razón interna o externa, los resultados mejoran de nuevo. La desidia y el aburrimiento son elementos desfavorables; por otro lado, el entusiasmo, la expectativa positiva, la esperanza y la fe en la posibilidad de la percepción extrasensorial (ESP) favorecen el logro de resultados positivos, siendo estos los verdaderos factores que determinan el éxito. Es relevante mencionar que la reconocida médium inglesa, Mrs. Eileen J. Garret, no obtuvo buenos resultados en los experimentos de Rhine debido a su incapacidad para involucrarse emocionalmente en estas pruebas "mecánicas" con cartas.

Estos ejemplos sirven para ofrecer una visión general, aunque sea somera, de estos experimentos. En el ya mencionado libro de G. N. M. Tyrrell, expresidente de la Sociedad de Investigaciones Psíquicas, se encuentra un resumen exhaustivo de todas las investigaciones realizadas en este ámbito. El propio Tyrrell ha contribuido significativamente al estudio de la percepción extrasensorial (ESP). Los estudios sobre ESP han recibido una valoración positiva por parte de los físicos, destacando Roben A. McConnell con su artículo "ESP-Fact or Fancy?".

Como cabría esperar, se han llevado a cabo numerosas pruebas para verificar estos sorprendentes y, a menudo, increíbles resultados. Sin embargo, estos intentos no logran refutar la existencia de hechos que, indudablemente, son irrefutables. Los experimentos de Rhine nos enfrentan a la realidad de eventos interconectados de manera significativa sin que se pueda demostrar una relación causal, ya que la "transmisión" no exhibe ninguna de las características habituales de la energía. Por tanto, existe una sólida razón para cuestionar que estemos ante un fenómeno de transmisión. Los experimentos relacionados con el tiempo descartan tal posibilidad, pues sería absurdo pensar que un evento futuro, aún no ocurrido, pueda transmitirse como un fenómeno energético a un receptor en el presente. Lo más probable es que la explicación científica deba comenzar analizando nuestros conceptos de espacio y tiempo, así como del inconsciente. Como he mencionado anteriormente, con los recursos actuales es imposible explicar los fenómenos extrasensoriales o las coincidencias significativas como fenómenos energéticos. Esto también descarta la explicación basada en causas y efectos, ya que el "efecto" solo se puede concebir como un fenómeno energético. Por lo tanto, no se trata de una cuestión de causa y efecto, sino más bien de una coincidencia temporal, es decir, de una especie de simultaneidad. Debido a esta característica de simultaneidad, he adoptado el término "sincronicidad" para referirme a un factor hipotético con una relevancia similar a la de la causalidad como principio explicativo. En mi ensayo "The Spirit of Psychology", definí la sincronicidad como una relatividad del espacio y del tiempo condicionada por la mente. Los experimentos de Rhine demuestran que para la mente, el espacio y el tiempo son, en cierto modo, "elásticos" y pueden reducirse casi a un punto de fuga, como si dependieran de condiciones psíquicas y no existieran por sí mismos, siendo simplemente un "postulado" de la mente consciente. En la visión original del mundo del hombre primitivo, el espacio y el tiempo tienen una existencia precaria y solo se convirtieron en conceptos "fijos" a lo largo de la evolución mental humana, en gran parte gracias a la introducción del sistema de medidas. El espacio y el tiempo, por sí solos, no son nada; son conceptos objetivados creados por la actividad analítica de la mente consciente y constituyen coordenadas indispensables para la descripción de los cuerpos en movimiento. Por ende, son fundamentalmente físicos en su origen, lo que probablemente motivó a Kant a considerarlos categorías a priori. Pero si el espacio y el tiempo son simplemente propiedades aparentes de los cuerpos en movimiento, creadas por las necesidades intelectuales del observador, su relativización bajo condiciones psíquicas ya no sorprende, sino que se convierte en una posibilidad plausible. Esta posibilidad se manifiesta cuando la psique no observa cuerpos externos, sino a sí misma. Esto es exactamente lo que ocurre en los experimentos de Rhine: la respuesta del sujeto no se debe a la observación física de las cartas, sino que es el resultado de la imaginación, de ideas "casuales" que revelan la estructura de su origen, es decir, el inconsciente. Aquí solo añadiré que son los arquetipos, los elementos decisivos de la psique inconsciente, los que conforman la estructura del inconsciente colectivo. Este último representa una psique idéntica en todos los individuos. No se puede percibir ni "representar" directamente, a diferencia de los fenómenos psíquicos perceptibles, y, dada su naturaleza "irrepresentable", la he denominado "psicoide".

Los arquetipos son elementos estructurales que organizan los procesos del inconsciente:

actúan como patrones de conducta. Además, poseen una "carga específica" y generan efectos enigmáticos, manifestándose a través de emociones intensas. Estas emociones pueden reducir parcialmente el nivel de conciencia, ya que, aunque iluminan un contenido específico más allá de lo normal, desvían energía de otros contenidos que podrían permanecer en la conciencia, oscureciéndolos o llevándolos al inconsciente. El estado emocional, al disminuir la conciencia, reduce la capacidad de control, ofreciendo al inconsciente la oportunidad de manifestarse. De este modo, contenidos inesperados o reprimidos del inconsciente emergen y se expresan a través de las emociones. Estos contenidos suelen ser de carácter más primitivo o inferior, revelando así su origen arquetípico. Como demostraré más adelante, parece que algunos fenómenos de sincronicidad o simultaneidad emergen de los arquetipos. La notable orientación espacial de los animales también podría sugerir una relatividad psíquica del espacio y el tiempo. Un ejemplo es la peculiar orientación temporal del gusano palolo, cuyos segmentos reproductivos emergen en la superficie del mar justo antes del último cuarto menguante de la luna en octubre y noviembre. Una hipótesis sugiere que esto se debe a la aceleración terrestre causada por la gravedad lunar en ese periodo, aunque por motivos astronómicos, esta explicación no es viable. La coincidencia numérica entre el ciclo menstrual humano y las fases lunares es solo eso, una coincidencia numérica sin correlación probada.

El concepto de sincronicidad ha sido un enigma para mí desde mediados de los años veinte, cuando investigaba un fenómeno del inconsciente colectivo y me encontraba constantemente con relaciones que no podía descartar como meras coincidencias o secuencias aleatorias. Lo que descubrí fueron "coincidencias" tan significativamente relacionadas que su probabilidad de ocurrir por azar era increíblemente baja. Por ejemplo, presencié un evento en el que una joven paciente soñó que le daban un escarabajo dorado. Mientras me relataba el sueño, yo estaba sentado de espaldas a una ventana cerrada. De repente, escuché un golpeteo detrás de mí. Al voltear, vi un insecto golpeando el vidrio desde el exterior. Al abrir la ventana, capturé al insecto al vuelo. Era un escarabajo dorado, el más parecido que se puede encontrar en nuestra región: una centonia aurata, que, inusualmente, se sintió compelido a entrar a una habitación oscura en ese preciso momento. Nunca antes ni después me había ocurrido algo así, y el sueño de la paciente permanece como una experiencia única para mí.

Quiero mencionar otro caso típico de esta clase de eventos. La esposa de un paciente mío, un hombre de unos cincuenta años, me contó que, al fallecer su madre y su abuela, un grupo de pájaros se congregó fuera de las ventanas del cuarto donde yacían. Ya había escuchado historias similares de otras personas. Cuando el tratamiento de su esposo estaba finalizando, pues su neurosis estaba curada, comenzó a mostrar síntomas que, aunque parecían inofensivos, me sugirieron la posibilidad de una enfermedad cardíaca. Lo envié a un especialista quien, tras examinarlo, me confirmó que no había motivos para la preocupación. Sin embargo, al regresar de la consulta, con el informe médico en su bolsillo, mi paciente sufrió un colapso en la calle. En ese momento, su esposa ya estaba angustiada porque, justo después de que su esposo se fuera al médico, una bandada de pájaros se posó en su ventana, recordándole lo ocurrido a la muerte de sus familiares y temiendo lo peor.

Aunque conozco personalmente a las personas implicadas y estoy seguro de la veracidad de los hechos relatados, no pretendo que quienes consideran estos eventos como simples casualidades cambien de opinión. Mi propósito al compartir estos dos casos es simplemente ofrecer ejemplos de cómo, en ocasiones, ocurren coincidencias significativas en la vida real. En el primer caso, la conexión significativa es evidente debido a la similitud entre los objetos (los escarabajos); sin embargo, en el segundo, la muerte y la aparición de una bandada de pájaros no parecen estar relacionadas a primera vista. Pero, teniendo en cuenta que en la mitología babilónica las almas llevaban un "vestido de plumas" y que en el antiguo Egipto el ba, o alma, era representado por un pájaro, no es descabellado considerar la presencia de un símbolo arquetípico. Si este evento hubiera ocurrido en un sueño, su interpretación estaría justificada por comparaciones con material sociológico. Además, parece que en el primer caso también hay una base arquetípica. El caso fue difícil de tratar y, hasta el momento del sueño, habíamos avanzado poco. La principal razón era la mentalidad cartesiana de mi paciente, tan arraigada en su propia percepción de la realidad que ni los esfuerzos de tres doctores —siendo yo el tercero— habían logrado modificarla. Se requería algo verdaderamente irracional, que yo no podía proporcionar. El sueño fue lo único que logró alterar, aunque ligeramente, la actitud racionalista de mi paciente. Pero cuando el "escarabajo" entró volando por la ventana, suceso real, logró romper las barreras de su mentalidad y dar inicio al proceso de transformación. Cualquier cambio esencial en la actitud conlleva una renovación psíquica, a menudo acompañada por símbolos de renacimiento en sueños y fantasías del paciente. El escarabajo es un símbolo clásico de renacimiento. Según el antiguo texto egipcio "Lo que existe en el otro mundo", el dios-Sol muerto se transforma en Khepri, el escarabajo, y luego asciende en la barca que lleva al rejuvenecido dios del sol al cielo matinal. La única complicación es que, con personas cultas, a menudo es difícil descartar por completo la criptomnesia (aunque mi paciente desconocía este símbolo). Sin embargo, esto no cambia el hecho de que como psicólogo, frecuentemente me enfrento a casos donde la aparición de paralelos simbólicos no se puede explicar sin recurrir a la hipótesis del inconsciente colectivo.

Las coincidencias significativas —diferentes de las simples casualidades— parecen tener una base arquetípica. Al menos, todos los casos que he encontrado, que son numerosos, presentan esta característica, cuyo significado ya he explicado antes. Aunque cualquier persona, sin experiencia previa, puede identificar fácilmente su naturaleza arquetípica, es difícil vincularlas directamente con las condiciones psíquicas de los experimentos de Rhine, ya que estos no muestran evidencia directa de ninguna constelación arquetípica. Además, la situación emocional no es la misma que en mis ejemplos. No obstante, es importante destacar que en los experimentos de Rhine, los mejores resultados se obtuvieron en la primera serie, aunque se deterioraron rápidamente. Pero cuando se logró renovar el interés en el experimento, que había devenido monótono, los resultados mejoraron nuevamente. Esto indica que el factor emocional juega un papel crucial. La afectividad está íntimamente ligada a los instintos, cuyo aspecto formal es el arquetipo.

Existe otra analogía psicológica entre mis dos casos y los experimentos de Rhine, aunque menos obvia. Estas situaciones, aunque distintas en apariencia, comparten un elemento de "imposibilidad". La paciente del escarabajo se enfrentaba a una situación "imposible", ya que el tratamiento estaba estancado y no se vislumbraba una salida. En situaciones verdaderamente críticas, es común que aparezcan sueños arquetípicos que

señalan un posible camino a seguir, algo inimaginable previamente. Tales circunstancias propician frecuentemente la activación de un arquetipo. En ocasiones, el terapeuta debe identificar el dilema insoluble hacia el cual el inconsciente del paciente está orientado. Al descubrirlo, se movilizan las capas más profundas del inconsciente, las imágenes primordiales, permitiendo así el inicio de la transformación de la personalidad.

En el segundo caso, el temor semiconsciente y el horror ante un final fatal estaban presentes sin que se reconociera adecuadamente la situación. En los experimentos de Rhine, es la "imposibilidad" de la tarea lo que captura finalmente la atención del sujeto hacia los procesos internos, permitiendo así que el inconsciente se manifieste. Las preguntas planteadas por el experimento de percepción extrasensorial (ESP) generan una respuesta emocional desde el inicio, ya que sugieren que lo desconocido puede ser conocido potencialmente, abriendo la posibilidad a lo milagroso. Esto activa una disposición inconsciente en el individuo para creer en milagros y alimenta la esperanza universal de que lo imposible pueda ser posible. Incluso en los más escépticos, la superstición primitiva se agita, siendo estos a menudo los primeros en sucumbir a sus efectos sugestivos. Cuando un experimento serio, respaldado por la autoridad de la ciencia, toca esta disposición, desencadena inevitablemente una fuerte respuesta emocional, ya sea de aceptación o rechazo.

Es importante aclarar un posible malentendido con respecto al término "sincronicidad". Elegí esta palabra para describir la coincidencia en tiempo de dos o más eventos no relacionados causalmente, pero que comparten un significado similar, distinguiéndolo del "sincronismo", que refiere simplemente a la simultaneidad de eventos. Así, la sincronicidad se refiere al acontecimiento simultáneo de un estado psíquico con uno o más eventos externos que se corresponden de manera significativa con el estado subjetivo del momento, y en algunos casos, viceversa. Mis dos ejemplos muestran esto de maneras distintas. En el caso del escarabajo, la simultaneidad es evidente; no tanto en el segundo ejemplo. Aunque la aparición de la bandada de pájaros generó un temor vago, esto tiene una explicación causal. La esposa de mi paciente no tenía conocimiento previo de un peligro como para anticipar algo malo a partir de los síntomas. No obstante, el inconsciente a menudo posee más información que el consciente, y parece posible que el inconsciente de la mujer hubiera detectado el peligro. Si ignoramos un contenido psíquico consciente como la idea del peligro de muerte, existe una clara simultaneidad entre la aparición de la bandada de pájaros, con su significado tradicional, y la muerte de su esposo. El estado psíquico de la mujer, independientemente de una posible activación del inconsciente aún no demostrable, parece depender del evento externo. Sin embargo, su psique se involucra tan pronto como ve a los pájaros. Por ello, parece probable que su inconsciente estuviera configurando una constelación. La bandada de pájaros, tradicionalmente, tiene un significado adivinatorio. Esta interpretación, también adoptada por la mujer, sugiere que los pájaros representaban una premonición inconsciente de la muerte. Durante la época romántica, los médicos podrían haber referido a esto como "simpatía" o "magnetismo", pero tales fenómenos no se pueden explicar de manera causal sin recurrir a hipótesis ad hoc extremadamente especulativas.

La interpretación de los pájaros como presagio se basa en dos coincidencias anteriores similares. No había precedentes cuando falleció la abuela; la coincidencia era solo entre la muerte y la congregación de pájaros. En el fallecimiento de la madre, la conexión entre ambos eventos se hizo evidente, pero solo en el tercer caso se confirmó cuando llevaron al hombre moribundo a casa.

Las complicaciones mencionadas están relacionadas con el concepto de sincronicidad. Para ilustrar esto, consideremos otro ejemplo: un amigo mío tuvo un sueño en el que presenció la repentina muerte de un amigo, con todos los detalles característicos. En aquel momento, el soñador estaba en Europa mientras que su amigo estaba en América. Al día siguiente, recibió la noticia de la muerte por telegrama y, unos días más tarde, una carta confirmó los detalles del suceso. Al comparar las horas entre Europa y América, se descubrió que la muerte ocurrió al menos una hora antes del sueño. El soñador se había ido a la cama tarde y no se había dormido hasta aproximadamente la una de la madrugada. Es importante destacar que la experiencia del sueño no coincidió cronológicamente con la muerte. Este tipo de experiencias suelen ocurrir un poco antes o después del evento crítico.

Por ejemplo, J. W. Dunne narra un sueño significativo que tuvo en la primavera de 1902, mientras se encontraba en la guerra de los Boers. En el sueño, se veía a sí mismo en una montaña volcánica que reconocía como una isla, pues ya había soñado con ella anteriormente. Se sintió aterrorizado por la erupción catastrófica del volcán, similar a la del Krakatoa, y sintió la urgencia de salvar a los cuatro mil habitantes del lugar. Intentó convencer a los oficiales franceses cercanos para movilizar todos los barcos disponibles y evacuar a las personas. Sin embargo, el sueño comenzó a desarrollar elementos típicos de las pesadillas, como la prisa, la persecución y la sensación de no llegar a tiempo, mientras resonaban en su mente las palabras: "Cuatro mil personas morirán, al menos...". Unos días después, Dunne recibió una copia del Daily Telegraph junto con su correspondencia, y sus ojos se posaron en los siguientes titulares:

"DESASTRE VOLCÁNICO EN MARTINICA

Ciudad Arrasada"

Una Avalancha de Llamas

Posible Pérdida de más de 40,000 Vidas

El sueño no ocurrió al momento exacto de la catástrofe real, sino mientras el periódico ya estaba en camino hacia él con las noticias. Al leerlo, en lugar de leer 40,000, leyó 4,000. No fue sino hasta cincuenta años después, al copiar el artículo, que descubrió el error. Su conocimiento inconsciente cometió el mismo error que él al leer.

Es común que estos sueños ocurran justo antes de recibir noticias. A menudo soñamos con personas de las que vamos a recibir noticias en el próximo correo. En varias ocasiones, he verificado que al momento del sueño, la carta ya estaba en el correo. También puedo confirmar, por experiencia propia, el error de lectura. Durante las Navidades de 1918, estaba ocupado con el orfismo, especialmente con el fragmento órfico de Malalas, en el que se define la Luz Primordial como la "trinidad Metis, Phanes y Ericepaeus". Siempre leía "Ericapaeus" en lugar de "Ericepaeus", como aparecía en el texto. (En realidad, se puede leer de ambas formas). Este error de lectura se fijó en mi mente, y durante años recordé el nombre como "Ericapaeus". No fue sino hasta treinta años después que me di cuenta de que en el texto de Malalas aparecía "Ericepaeus". En ese momento, una paciente que no había visto en un mes y que no sabía nada de mis estudios, tuvo un sueño en el que un hombre desconocido le daba un trozo de papel en el que había escrito un himno "latino" a un dios llamado "Ericipaeus". La paciente pudo escribir este himno al despertar. La lengua en la que estaba escrito era una mezcla peculiar de latín, francés e italiano. La señora tenía conocimientos básicos de latín, un poco más de italiano y hablaba francés con fluidez. El nombre "Ericipaeus" le era completamente desconocido, lo cual no es sorprendente ya que no tenía conocimientos de los clásicos. Nuestras ciudades estaban separadas por unas cincuenta millas, y no habíamos tenido contacto alguno en un mes. Es interesante que la variación del nombre afectara a la misma vocal que yo había leído mal (de "a" a "e"), pero su inconsciente lo leyó de manera diferente (de "e" a "i"). Solo puedo suponer que ella "leyó" inconscientemente no mi error, sino el texto correcto que contenía la transliteración latina "Ericepaeus", y su error fue provocado evidentemente por mi mala lectura.

Los eventos sincrónicos ocurren simultáneamente con dos estados psíquicos diferentes. Uno de ellos es el estado normal, el cual es probable y se explica por causalidad; el otro es la experiencia crítica, que no puede derivarse causalmente del primero. En el caso de una muerte repentina, la experiencia crítica no puede reconocerse inmediatamente como "percepción extrasensorial", sino que se verifica después. Sin embargo, incluso en el caso del escarabajo, lo que se experimenta de inmediato es un estado psíquico o una imagen psíquica que difiere de la imagen del sueño solo porque se puede comprobar de inmediato. En el caso de la banda de pájaros, la mujer sufría una excitación inconsciente o miedo que, para mí, era verdaderamente consciente y me llevó a enviar al paciente a un especialista en el corazón. En todos estos casos, se trata de una cuestión de ESP espacial o temporal. Encontramos una simultaneidad entre el estado normal u ordinario y otro estado o experiencia que no puede derivarse causalmente de él y cuya existencia objetiva solo puede comprobarse después. Esta definición es relevante cuando se trata de eventos futuros. No son sincrónicos, sino sincronísticos, ya que se experimentan como imágenes psíquicas en el presente, como si el evento objetivo ya existiera. Una situación inesperada, relacionada directa o indirectamente con algún evento externo objetivo, coincide con el estado psíquico normal. A esto lo llamo sincronicidad y sostengo que se trata de sucesos de la misma categoría, tanto si su objetividad aparece separada de mi consciencia en el espacio o en el tiempo. Esta teoría está respaldada por los resultados de Rhine, que no se ven afectados por cambios de espacio o tiempo. El espacio y el tiempo, coordenadas conceptuales de los cuerpos en movimiento, son en última instancia lo mismo (de ahí que hablemos de un "largo" o "corto" "espacio de tiempo"). Philo Judaeus dijo hace mucho tiempo que "la extensión del movimiento celeste es el tiempo". La sincronicidad en el espacio también puede entenderse como percepción en el tiempo, pero es sorprendente que la sincronicidad en el tiempo no sea tan fácil de entender como en el espacio, ya que no podemos imaginar un espacio en el que eventos futuros estén objetivamente presentes y se puedan percibir como tales mediante una reducción de su distancia espacial. Sin embargo, dado que la experiencia ha demostrado que, bajo ciertas condiciones, el espacio y el tiempo pueden reducirse casi a cero, la causalidad desaparece con ellos, ya que está ligada a la existencia del espacio y el tiempo y a los cambios físicos, y consiste esencialmente en la sucesión de causa y efecto. Por lo tanto, los fenómenos sincrónicos no pueden asociarse en principio con ningún concepto de causalidad. La interrelación de factores coincidentes significativos debe considerarse necesariamente como acausal.

A menudo, sin una causa clara, tendemos a buscar explicaciones más allá de lo demostrable. Pero debemos recordar que toda causa debe ser verificable; lo que va más allá de la demostración entra en el terreno de lo trascendental, lo cual es, por definición, indemostrable. Si descartamos la idea de que las cosas suceden sin causa alguna, nos queda como única opción considerar los eventos sincronísticos como meras coincidencias. Sin embargo, esta perspectiva choca con los hallazgos en experimentos de percepción extrasensorial de Rhine y otros fenómenos bien documentados en la parapsicología. Entonces, debemos reflexionar sobre cómo nuestras explicaciones habituales podrían no tener en cuenta que el espacio y el tiempo solo son constantes bajo condiciones experimentales específicas, ignorando el impacto de los estados psíquicos. En la vida real, nuestras emociones pueden distorsionar nuestra percepción del espacio y el tiempo, efecto que Pierre Janet describió como una disminución en el nivel de conciencia. En momentos de emociones intensas, nuestra conciencia se reduce, dando paso a un aumento de la actividad inconsciente, perceptible incluso para los no expertos. Los contenidos instintivos del inconsciente, influenciados por arquetipos, ejercen una fuerza sobre nuestra conciencia.

El inconsciente no solo alberga recuerdos olvidados sino también percepciones subliminales y un tipo de "conocimiento" o "existencia inmediata" de cosas sin una base causal clara. Aunque algunas percepciones puedan estar vinculadas a estímulos sensoriales débiles, este "conocimiento" trasciende la causalidad reconocible, a menudo conectándose con contenidos arquetípicos. Estas conexiones, aunque no causales, son significativas, sugiriendo la existencia de un conocimiento innato en el inconsciente sobre eventos sin una conexión causal directa. Esto nos lleva a cuestionar nuestra comprensión de la causalidad cuando enfrentamos tales fenómenos.

Para clarificar, tomemos algunos ejemplos: en los experimentos de Rhine, propongo que la anticipación o el estado emocional del participante podría activar una imagen inconsciente y precisa del resultado, mejorando sus probabilidades de acierto. El sueño del escarabajo representa la emergencia de una imagen inconsciente que predice un evento futuro, similar a cómo el conocimiento previo inconsciente sobre la muerte puede manifestarse en sueños o sensaciones. Estos ejemplos sugieren que nuestra conciencia puede estar influenciada por conocimientos inconscientes, desafiando nuestra comprensión tradicional de la causalidad.

En tales ejemplos y otros parecidos, parece que existe un conocimiento previo de la situación, de manera causalmente inexplicable, que no es perceptible en el momento exacto. La sincronicidad se nutre de dos elementos fundamentales:

a) Una imagen inconsciente se hace consciente, ya sea directa o indirectamente, a través de sueños, ideas o premoniciones.

b) Esta imagen interna encuentra su correspondencia en una situación real externa.

Ambos procesos nos dejan perplejos. Nos preguntamos cómo emerge esa imagen inconsciente y cómo se da esa coincidencia entre lo interno y lo externo. Es comprensible que haya quienes duden de la realidad de estos fenómenos. Por ahora, planteo estas preguntas, pero buscaré ofrecer respuestas a lo largo de este estudio.

En relación al papel que juegan las emociones en los eventos sincronísticos, es interesante mencionar que esta no es una idea novedosa. Ya era conocida por figuras históricas como Avicena y Alberto Magno. Este último, al referirse a la magia, cita un pasaje revelador de Avicena que sugiere que el alma humana posee un poder que le permite alterar la realidad, especialmente bajo el influjo de emociones intensas como el amor, el odio o el placer. Según este enfoque, cuando una persona experimenta una pasión desmedida, puede "enlazar" mágicamente los acontecimientos a su voluntad. Durante mucho tiempo, este concepto fue objeto de escepticismo, pero tras la exploración de textos sobre magia, signos y otros conocimientos esotéricos, se reconoce que la fuerza emocional del alma es un motor principal detrás de estos fenómenos. Este poder puede manifestarse cuando, movida por una emoción intensa, el alma altera su propia sustancia o las circunstancias a su alrededor, o bien cuando se alinea con un momento astrológico propicio o con otras fuerzas. Aquellos que dominen el arte de influir en la realidad mediante la magia deben saber que el momento de mayor impacto es cuando la emoción es más fuerte, ya que el alma selecciona instintivamente el momento más oportuno para actuar.

Este análisis resalta cómo los eventos sincronísticos, o "mágicos", están vinculados a las emociones. Alberto Magno, fiel al pensamiento de su época, atribuye estos fenómenos a una capacidad mágica del alma, sin considerar que el proceso psíquico puede ser tan determinante como el evento externo que parece anticiparse. Este proceso inconsciente es parte de las "cogitationes quae sunt a nobis independentes", inspiradas por una fuerza divina según Arnold Geulincx, y no emergen de nuestro razonamiento consciente. De manera similar, Goethe veía los sucesos sincronísticos desde una perspectiva "mágica", creyendo que todos poseemos dentro capacidades eléctricas y magnéticas que nos permiten atraer o repeler según la naturaleza de lo que encontramos en nuestro entorno.

Tras considerar estos aspectos generales, enfoquémonos nuevamente en el desafío que representa la base empírica de la sincronicidad. El principal obstáculo que encontramos es la dificultad de hallar material empírico que nos permita llegar a conclusiones fiables. Este desafío no es menor, ya que las experiencias relevantes no se presentan preparadas para su análisis. Por ello, es necesario explorar con detenimiento los lugares más ocultos y armarnos de coraje para vencer los prejuicios de nuestra era, si deseamos expandir los fundamentos de nuestro conocimiento. Cuando Galileo descubrió las lunas de Júpiter con su telescopio, enfrentó la resistencia de los prejuicios de sus contemporáneos eruditos. Nadie había oído hablar antes de las lunas de Júpiter, ni sabían qué era un telescopio o para qué servía. Es común que cada generación piense que sus predecesoras estaban equivocadas. Hoy, esta creencia es más fuerte que nunca, y no somos la excepción a este error. A menudo, hemos presenciado cómo la verdad es rechazada. Es triste, pero cierto, que la humanidad no aprende de su historia. Este sombrío hecho nos enfrenta a grandes dificultades cuando intentamos reunir material empírico que arroje luz sobre este tema oscuro, ya que es probable que encontremos respuestas en los lugares menos esperados, donde las autoridades aseguran que no hay nada que descubrir.

Los informes de casos significativos, aunque estén perfectamente validados, suelen ser desestimados y generalmente nos hacen pensar que quien informa es alguien crédulo. Incluso un esfuerzo meticuloso por recopilar y verificar una gran cantidad de estos informes, como lo hicieron Gurney, Myers y Podmore, ha tenido poco impacto en el ámbito científico. La mayoría de los psicólogos y psiquiatras profesionales parecen ignorar por completo estas investigaciones.

Los resultados obtenidos en estudios de percepción extrasensorial (ESP) y psicokinesis (PK) han proporcionado una base estadística para evaluar los fenómenos de sincronicidad, destacando a su vez la importancia del factor psíquico. Esto me llevó a preguntarme si existiría un método que ofreciera resultados cuantificables y que, al mismo tiempo, nos permitiera explorar la esencia psíquica de la sincronicidad. Algunas condiciones psíquicas son cruciales para los fenómenos sincronísticos, como ya se ha visto en los experimentos de ESP, aunque estos se limitan a la coincidencia y solo resaltan su significado psíquico sin profundizar en él. Desde hace tiempo, era consciente de la existencia de métodos intuitivos o "mánticos" que empiezan considerando el factor psíquico y asumen la sincronicidad como un hecho evidente. Me interesé especialmente en el enfoque intuitivo para comprender situaciones globales, característico de China, principalmente a través del I Ching o Libro de los Cambios. A diferencia del pensamiento occidental, influenciado por la filosofía griega, el pensamiento chino no busca entender los detalles de manera aislada, sino como partes de un todo. Obviamente, un enfoque cognitivo de este tipo es inalcanzable sin asistencia para una mente que carece de ella. Así, el razonamiento depende mucho más de las funciones irracionales del conocimiento, es decir, la sensación y la intuición. El I Ching, considerado la base experimental de la filosofía clásica china, es uno de los métodos más antiguos para capturar la esencia de una situación y situar los detalles dentro de un contexto cósmico —la interacción entre Yin y Yang.

Esta búsqueda de una comprensión global también es el objetivo de la ciencia, aunque se encuentra lejos de alcanzarse, ya que la ciencia prefiere proceder de manera experimental y estadística siempre que es posible. El experimento implica formular una pregunta específica que excluya cualquier distracción o irrelevancia. Establece condiciones, las impone a la naturaleza y, de esta manera, la obliga a responder a una pregunta formulada por el ser humano. Esto limita la capacidad de la naturaleza para responder de forma completa, ya que sus posibilidades se ven restringidas. Si deseamos comprender las operaciones de la naturaleza en su totalidad, necesitamos un método de investigación que imponga las menores condiciones posibles, o ninguna, permitiendo así que la naturaleza se exprese plenamente.

En el ámbito del laboratorio, el procedimiento establecido y reconocido constituye el pilar de la recogida estadística y la comparativa de resultados. Sin embargo, en el experimento intuitivo o "mántico", no se requiere formular preguntas que impongan condiciones o limiten el proceso natural, lo que permite una expresión o manifestación completa de todas las posibilidades. En el caso del I Ching, el lanzamiento de monedas se realiza de manera aleatoria. Una pregunta sin responder da paso a una respuesta que no se comprende a primera vista. Bajo estas condiciones, el escenario para una reacción total es óptimo. La desventaja, sin embargo, es evidente: a diferencia del experimento científico, no se puede discernir exactamente qué ha ocurrido. Para abordar este problema, dos figuras históricas chinas, King Wen y el Duque de Chou, en el siglo XII a.C., intentaron explicar la simultaneidad de un estado psíquico y un proceso físico como equivalentes en significado, basándose en la unidad de la naturaleza. Supusieron que una misma realidad viva se manifestaba tanto en el aspecto psíquico como en el físico. Pero para validar esta hipótesis, era necesario un procedimiento físico definido, una técnica que forzara a la naturaleza a responder con números pares o impares. Estos números, como representantes de Yin y Yang, simbolizan en el inconsciente y en la naturaleza los contrarios, como la "madre" y el "padre" de todo acontecimiento, y así establecen un punto de comparación entre el mundo psíquico interno y el mundo físico externo. De esta forma, desarrollaron un método en el que un estado interno podía representarse a través de uno externo y viceversa. Esto supone, naturalmente, un conocimiento intuitivo del significado de cada figura del oráculo. Por ello, el I Ching incluye una colección de sesenta y cuatro interpretaciones que explican el significado de todas las posibles combinaciones de Yin-Yang. Estas interpretaciones expresan el conocimiento inconsciente interno que corresponde al estado de conciencia del momento, y esta situación psicológica se alinea con los posibles resultados del método, es decir, con los números pares o impares resultantes del lanzamiento de las monedas o de la división de los tallos de milenrama.

El método se fundamenta en un principio de conexión no causal o sincronístico. En la práctica, como reconocerá cualquier observador imparcial, se observan numerosos casos claros de sincronicidad durante el experimento, los cuales podrían explicarse, de manera racional y hasta cierto punto arbitraria, como simples proyecciones. Sin embargo, si aceptamos que son lo que parecen ser, entonces deben entenderse como coincidencias significativas, para las cuales no tenemos una explicación causal conocida. El método consiste en dividir los cuarenta y nueve tallos de milenrama en dos montones al azar y contarlos, separando los montones de tres en tres y de cinco en cinco, o lanzar tres monedas seis veces, determinándose cada línea del hexagrama por el resultado de cara o cruz. El experimento se basa en un principio trino (dos trigramas) y contempla sesenta y cuatro posibles variaciones, cada una correspondiente a una situación psíquica. Estas situaciones están detalladas en el texto, al cual se le han añadido comentarios. Además, existe un método occidental de gran antigüedad que se fundamenta en el mismo principio general que el I Ching, pero con una diferencia notable: en Occidente, el principio no es triple, sino cuádruple, y el resultado no es un hexagrama basado en líneas de Yang y Yin, sino dieciséis figuras compuestas de números pares e impares, doce de las cuales se organizan según ciertas reglas en las casas astrológicas. Este experimento occidental utiliza líneas de 4x4 con un número aleatorio de puntos que el consultante marca en la arena o en papel de derecha a izquierda. En su versión occidental, la combinación de estos factores se detalla más que en el I Ching, presentando también muchas coincidencias significativas, aunque suelen ser más difíciles de interpretar y, por lo tanto, menos evidentes que en el método occidental. Este método, conocido desde el siglo XIII como Ars Geomantica o Arte de la Geomancia, gozó de gran popularidad, pero a diferencia del I Ching, su aplicación era exclusivamente adivinatoria y no filosófica.

A pesar de que ambos métodos apuntan hacia el objetivo deseado, ninguno ofrece una base sólida para un análisis estadístico. Por esta razón, me vi en la necesidad de explorar otras técnicas más intuitivas y me encontré con la astrología. Esta disciplina, en su versión moderna, se propone ofrecer una descripción global del carácter de una persona. La abundancia de información sobre astrología, aunque compleja, evidencia que su interpretación no es ni directa ni infalible. La astrología muestra su relevancia al correlacionar, según los astrólogos, los rasgos de carácter individuales con elementos como planetas, casas, signos zodiacales y aspectos desde tiempos ancestrales. Un ejemplo claro es el análisis del matrimonio a través de los horóscopos de la pareja o la interpretación de eventos significativos basados en configuraciones planetarias específicas o máximas astrológicas antiguas, como el caso del horóscopo del Emperador Guillermo II con la posición de Marte. Sin embargo, se puede argumentar que estos análisis no siempre concuerdan con nuestro entendimiento psicológico de la situación o el carácter analizado, y esta subjetividad hace que los signos caracterológicos no sean ni infalibles ni totalmente fiables, una crítica que también se extiende a la grafología a pesar de su aceptación práctica.

Esta crítica y la ausencia de criterios objetivos para definir los rasgos de personalidad cuestionan la viabilidad de correlacionar el horóscopo con el carácter individual para los fines de este estudio. Sin embargo, si la astrología pretende iluminar sobre la sincronicidad de los eventos sin causas aparentes, deberíamos sustituir el análisis incierto del carácter por hechos incontrovertibles, como el matrimonio.

Históricamente, la astrología y la alquimia han asociado el matrimonio con la unión del Sol y la Luna, entre otras configuraciones, que no necesariamente forman parte de la corriente principal. La introducción del eje ascendente-descendente en la tradición responde a su supuesta influencia especial sobre las personas. La relación de Marte y Venus con el matrimonio, por ejemplo, se debe a que su conjunción u oposición sugiere una relación amorosa, potencialmente preludio de un matrimonio. Para esta investigación, no es necesario creer en la astrología; basta con las fechas de nacimiento y herramientas básicas para elaborar el horóscopo.

Los métodos numéricos se han mostrado como los más adecuados para explorar el azar. Los números siempre han tenido un aura de misterio, insinuando que encierran algo más que la simple suma de unidades. Este misterio numérico sugiere una conexión profunda con el concepto de sincronicidad, ambos compartiendo un carácter inexplicable y sobrenatural. Los números no solo designan lo sobrenatural; poseen significados especiales y ayudan a imponer orden en el caos. Psicológicamente, el número puede considerarse un arquetipo de orden consciente. Es notable cómo estructuras psíquicas complejas, como los mandalas, reflejan también patrones matemáticos, surgiendo en momentos de desorientación para restaurar el equilibrio o durante experiencias trascendentales. Estas manifestaciones del inconsciente utilizan el número como un principio ordenador, destacando la capacidad intrínseca del inconsciente para generar orden a través de estructuras numéricas.

Se suele pensar que los números son creaciones humanas, meros conceptos que no encierran nada que no haya sido previamente implantado por nuestro intelecto. No obstante, existe la posibilidad de que los números hayan sido descubiertos más que inventados. Bajo esta perspectiva, los números se elevan más allá de simples conceptos para convertirse en entidades con existencia propia, portadoras de un "algo" que trasciende la mera noción intelectual. A diferencia de los conceptos, que se fundamentan en suposiciones psíquicas, los números poseen una cualidad intrínseca, un misterio que no puede ser completamente capturado por el pensamiento racional. Por lo tanto, podrían ostentar propiedades aún no reveladas.

Personalmente, me decanto por la idea de que los números son tanto un hallazgo como una invención humana, dotándolos de una cierta autonomía similar a la de los arquetipos. Esta autonomía les conferiría la capacidad de ser preexistentes a la conciencia humana, influyéndola ocasionalmente en lugar de ser meramente modelados por ella. Los arquetipos, como formas ideales innatas, comparten esta dualidad de ser descubiertos e inventados: se descubren al revelar su existencia autónoma no consciente y se inventan al inferir su presencia a través de estructuras conceptuales similares.

Este entendimiento sugiere que los números naturales podrían tener una naturaleza arquetípica. Si este es el caso, no solo ciertos números y sus combinaciones tendrían una conexión e influencia sobre determinados arquetipos, sino que la relación podría ser recíproca. Esta interacción nos lleva a considerar la existencia de números mágicos, así como a indagar si los números, al entrelazarse con los arquetipos hallados en la arqueología, manifiestan patrones de comportamiento particulares.

2. Un experimento astrológico

Para empezar, es importante destacar que nuestro análisis requiere dos elementos distintos: uno es la constelación astrológica y el otro, la situación matrimonial.

El conjunto de datos examinados consiste en varios horóscopos matrimoniales, obtenidos gracias a la colaboración de amigos en Zúrich, Londres, Roma y Viena. Originalmente, se reunieron estos datos con el objetivo de explorar aspectos astrológicos, algunos de ellos recopilados hace bastante tiempo. Esto es relevante ya que quienes contribuyeron con el material no estaban al tanto de su futuro uso en este estudio. Resalto este punto para anticiparme a cualquier sugerencia de que el material fue seleccionado adrede para esta investigación, lo cual no es el caso. Los horóscopos, o más precisamente, las fechas de nacimiento, se organizaron cronológicamente conforme se recibían por correo. Una vez que contamos con los datos de ciento ochenta parejas, hicimos una pausa en la recolección para trabajar con los trescientos sesenta horóscopos disponibles. Este primer grupo se empleó para realizar un estudio preliminar, con el fin de testar los métodos que íbamos a utilizar.

Dado que el propósito inicial de la recopilación de datos era verificar las bases empíricas de este método intuitivo, merece la pena considerar algunos aspectos generales que motivaron su reunión.

El matrimonio, aunque es un concepto claramente definido, presenta una amplia gama de variaciones en su contenido psicológico. Desde el punto de vista astrológico, es precisamente el acto del matrimonio el que se refleja de manera evidente en los horóscopos. La posibilidad de que dos personas descritas por sus horóscopos se casen de manera accidental se reduce; parece factible evaluar astrológicamente todos los factores externos, pero solo en la medida en que estos se manifiestan psicológicamente. Dada la diversidad de personalidades, no esperaríamos que el matrimonio se describiera con una única configuración astrológica. Si las interpretaciones astrológicas son acertadas, existirían varias configuraciones que sugieren una predisposición hacia la elección de pareja. En este contexto, es necesario mencionar la conocida relación entre los ciclos de manchas solares y las tasas de mortalidad. Parece que la conexión reside en las variaciones del campo magnético terrestre, influenciadas a su vez por las fluctuaciones en la radiación protónica solar. Estas variaciones afectan también al clima, modificando la ionosfera que refleja las ondas de radio. La investigación de estos fenómenos sugiere que las conjunciones, oposiciones y cuadraturas planetarias tienen un papel importante en el aumento de la radiación de protones, provocando tormentas electromagnéticas. Por otro lado, se ha observado que los aspectos sextiles y trígonos, considerados astrológicamente favorables, generan condiciones meteorológicas estables.

Estos hallazgos ofrecen una nueva perspectiva sobre una posible explicación causal de la astrología. Sin duda, esto concuerda con la astrología meteorológica de Kepler. Además, más allá de los conocidos efectos fisiológicos de la radiación protónica, podría haber otros impactos psíquicos, lo que desplazaría las manifestaciones astrológicas de ser meras coincidencias para tener explicaciones causales. Aunque la validez de un horóscopo es aún un misterio, se considera que existe una relación entre los aspectos planetarios y las predisposiciones psicofisiológicas. Por ello, sería prudente no tratar los hallazgos astrológicos meramente como fenómenos de sincronicidad, sino como potencialmente causales, ya que la presencia de una causa, por remota que sea, vuelve la idea de sincronicidad bastante cuestionable.

Sin embargo, por el momento, no contamos con suficientes evidencias que respalden la precisión de los resultados astrológicos más allá de la casualidad o que las estadísticas basadas en grandes muestras sean significativas. Dada esta falta de estudios amplios, decidí investigar las bases empíricas de la astrología, utilizando un amplio número de horóscopos de parejas casadas, para descubrir qué resultados podíamos obtener.

Investigación Piloto

Después de recopilar el primer conjunto de datos, centré mi atención en las conjunciones y oposiciones entre la luna y el sol, dos aspectos que en astrología se consideran de gran influencia, aunque opuesta, simbolizando interacciones intensas entre estos cuerpos celestes. Exploré cincuenta aspectos diferentes resultantes de las conjunciones y oposiciones de varios elementos, incluyendo los ascendentes y descendentes.

La decisión de enfocarme en estas combinaciones específicas deriva de las consideraciones discutidas previamente sobre las tradiciones astrológicas. Además, quisiera añadir que, entre estas conjunciones y oposiciones, las de Marte y Venus se consideran menos significativas en comparación con las demás. Esto se debe a que la interacción entre Marte y Venus puede indicar una relación amorosa, pero es importante reconocer que no todos los matrimonios se basan en el amor, ni todas las relaciones amorosas desembocan en matrimonio. Mi propósito al incluir la conjunción y la oposición de Marte y Venus fue para contrastarlas con los otros aspectos estudiados.

Este análisis inicial se realizó en los primeros ciento ochenta matrimonios. Cabe destacar que, teóricamente, estos ciento ochenta hombres y ciento ochenta mujeres también podrían formar parejas no casadas entre sí. Dado que cada uno de los ciento ochenta hombres podría emparejarse con cualquiera de las ciento setenta y nueve mujeres a las que no estaba unido en matrimonio, resulta que hay un total de 32,220 combinaciones posibles de parejas no casadas dentro del grupo de los ciento ochenta matrimonios. Este análisis se llevó a cabo y se compararon los aspectos de las parejas no casadas con los de las casadas. Para realizar todos los cálculos, se utilizó un margen de ocho grados, tanto en dirección horaria como antihoraria, no solo dentro del mismo signo zodiacal sino también extendiéndose a los adyacentes. Posteriormente, se añadieron más matrimonios al grupo inicial, ampliando el estudio a cuatrocientos ochenta y tres matrimonios, equivalentes a novecientos sesenta y seis horóscopos. Los resultados fueron analizados y tabulados por lotes.

Mi interés principal radicaba en determinar la significancia estadística de los resultados obtenidos: si las frecuencias máximas eran "significativas" o no, es decir, si su probabilidad de ocurrencia era baja. Los cálculos efectuados por un matemático revelaron claramente que la frecuencia promedio del 10% observada tanto en el primer lote como en los subsiguientes no era estadísticamente significativa. La probabilidad de estas frecuencias es demasiado alta como para concluir que difieren de lo que se esperaría por mera casualidad.

Análisis Del Primer Lote

Analizamos primero todas las conjunciones y oposiciones entre los elementos astrológicos señalados para los ciento ochenta matrimonios y las 32,220 parejas no casadas. Los hallazgos se presentan en el Cuadro I, donde los aspectos se ordenan según la frecuencia de su aparición tanto en parejas casadas como no casadas.

Para realizar una comparación adecuada entre las frecuencias de aparición en parejas casadas y no casadas, considerando que las primeras se observan en 180 parejas y las segundas en 32,220, ajustamos los datos de las parejas no casadas multiplicando las cifras de la columna 4 por el factor 180/32,220. Esto nos lleva a una proporción de 18:8,40 equivalente a 2,14:1, como se muestra en el Cuadro II, donde estas proporciones se organizan de acuerdo con su frecuencia.

Desde una perspectiva estadística, estos números no ofrecen una base sólida para confirmar alguna teoría, siendo considerados como variaciones aleatorias. Sin embargo, desde un enfoque psicológico, rechazo la noción de que estamos frente a meros números sin significado. En la observación de fenómenos naturales, es crucial considerar tanto las excepciones como los casos promedio. La limitación de las estadísticas radica en su enfoque parcial, que captura solo una visión media de la realidad, omitiendo una comprensión holística. La visión del mundo a través del prisma estadístico es una abstracción que resulta incompleta e incluso engañosa, especialmente en el ámbito de la psicología humana, ya que tanto las posibilidades máximas como las mínimas pueden presentarse, y es precisamente esta gama de hechos la que pretendo explorar.

Un hallazgo relevante es la confirmación de la correspondencia tradicional, tanto alquímica como astrológica, entre el matrimonio y los aspectos de la relación luna-sol:

- Conjunción luna (femenino) y sol (masculino): 2,14:1

- Oposición luna (femenino) y sol (masculino): 1,61:1

Esto contrasta con la falta de resultados significativos en los aspectos Venus-Marte.

De los cincuenta aspectos analizados, quince mostraron una frecuencia significativamente mayor a la proporción 1:1 para los matrimonios, destacando especialmente la conjunción luna-sol. Las siguientes dos frecuencias más altas, 1,89:1 y 1,68:1, corresponden a las conjunciones entre Ascendente (femenino) y Venus (masculino), y entre luna (femenino) y Ascendente (masculino), reafirmando así la importancia tradicional del Ascendente en la astrología matrimonial.

Entre los quince aspectos destacados, los aspectos lunares aparecen cuatro veces en el caso de las mujeres, mientras que entre los otros treinta y cinco aspectos restantes, solo se observan seis aspectos lunares. La proporción global de todos los aspectos lunares es de 1,24:1. Sin embargo, el valor promedio de los cuatro aspectos lunares específicamente mencionados es de 1,74:1, en contraste con el 1,24:1 para el conjunto de todos los aspectos lunares. Esto indica que la Luna juega un papel más destacado para las mujeres que para los hombres.

En el caso de los hombres, el papel equivalente no lo desempeña el Sol, sino el eje Ascendente-Descendente. Entre los primeros quince aspectos listados en el Cuadro II, esta característica se repite seis veces para los hombres y solo dos veces para las mujeres. Para estos casos, el promedio es de 1,42:1, en comparación con el 1,22:1 para todos los aspectos que involucran al Ascendente o al Descendente y uno de los cuatro cuerpos celestes.

Para las parejas casadas, el promedio es de ocho casos; sin embargo, para las combinaciones de personas no casadas, el promedio es ligeramente superior: 8,4. Para los no casados, la mediana y la media aritmética son idénticas, ambas de 8,4, mientras que para los casados, la mediana es menor que la media aritmética de 8,4, debido a la presencia de valores más bajos entre las parejas casadas. Entre los no casados, ningún aspecto individual supera una frecuencia de 9,6, mientras que para los casados, un único aspecto alcanza una frecuencia casi el doble, resaltando la diferencia en la distribución de frecuencias entre ambos grupos.

Comparación Entre Todos Los Lotes

Al notar una dispersión aparente en los resultados, amplié mi estudio incluyendo un total de cuatrocientos matrimonios, lo que equivale a ochocientos horóscopos individuales. Los hallazgos de este conjunto adicional se presentan en el Cuadro III, comparándolos con los 180 casos previamente analizados. En este análisis, me concentré particularmente en las cifras máximas que superaban notoriamente el promedio. Los resultados se expresan en porcentajes.

Los datos de las 180 parejas casadas de la primera serie se muestran en la primera columna, mientras que los correspondientes a las 220 parejas reunidas más de un año después se encuentran en la segunda columna. Esta última no solo difiere en los aspectos estudiados, sino que también muestra una notable disminución en los valores de frecuencia. La única excepción es el valor superior, que reemplaza a otro igualmente clásico de la primera columna. De los catorce aspectos de la primera columna, solo cuatro reaparecen en la segunda, tres de los cuales son aspectos lunares, coincidiendo con las expectativas astrológicas. La discrepancia entre los aspectos de las dos columnas indica una considerable variabilidad en los datos. Al sumar los resultados de los 400 matrimonios, observamos una reducción pronunciada en las proporciones debido a esta variabilidad. Estas proporciones se detallan con mayor claridad en el Cuadro IV.

El Cuadro IV destaca las frecuencias de las tres configuraciones más comunes: dos conjunciones lunares y una oposición lunar. La frecuencia más alta entre los 180 matrimonios iniciales fue del 8.1%; para los 220 matrimonios posteriores, el porcentaje disminuyó al 7,4%; y para los 83 matrimonios añadidos más tarde, cayó al 5,6%. Aunque en los primeros dos lotes de 180 y 220 matrimonios las máximas correspondían a los mismos aspectos, en el último lote de 83, las máximas correspondieron a aspectos diferentes. El promedio máximo para estos últimos cuatro aspectos fue del 8,7%, superando el porcentaje más alto del primer lote de 180 matrimonios, lo que sugiere que los resultados iniciales fueron fortuitos y "favorables". Sin embargo, es destacable que el máximo de 9,6% correspondió a otro aspecto lunar considerado especialmente significativo para el matrimonio, reafirmando la influencia del ascendente, junto con el sol y la luna, en la determinación del destino y carácter según la tradición astrológica.

Para las parejas no casadas, el Cuadro V revela que la primera prueba, realizada por mi colaboradora, la doctora Liliane Frey-Rohn, arrojó una frecuencia de 7,3, significativamente alta en comparación con la máxima probable de 5,3 para 32,220 parejas solteras. Este resultado inicial me pareció dudoso. Por ello, sugerí un método diferente de emparejamiento, utilizando un sorteo aleatorio para formar 325 parejas, lo cual produjo un resultado de 6,5, más cercano a la probabilidad. Aun así, el resultado para 400 parejas no casadas fue de 6,2, aún superior a lo esperado, aunque más alineado con las probabilidades.

El inusual comportamiento de nuestros resultados nos llevó a realizar otro experimento, cuyos hallazgos menciono aquí con la debida precaución, aunque personalmente considero que arrojan luz sobre las variaciones estadísticas. Este experimento se realizó con tres individuos cuyos estados psicológicos eran bien conocidos. Se seleccionaron al azar 400 horóscopos de matrimonios, de los cuales 200 fueron numerados. De estos, una persona seleccionó veinte. Estas veinte parejas casadas fueron analizadas estadísticamente en base a las características observadas en nuestros cincuenta matrimonios iniciales. La primera persona, una paciente en un estado de alta excitación emocional en el momento del experimento, mostró en sus veinte aspectos seleccionados una predominancia de Marte (10 veces, con una frecuencia de 15,0), seguido por la Luna (9 veces, con una frecuencia de 10,0) y el Sol (9 veces, con una frecuencia de 14,0). Este resultado concuerda con la influencia clásica de Marte relacionada con la emocionalidad, reforzada por la presencia masculina del Sol.

La segunda persona, una paciente que luchaba por afirmar su personalidad frente a su inclinación a la timidez, mostró una prevalencia de los aspectos axiales (Asc.-Desc.), relacionados con la personalidad, apareciendo doce veces con una frecuencia de 18,0. Este hallazgo está en armonía astrológica con los problemas personales de la paciente.

El tercer sujeto, una mujer enfrentando fuertes contradicciones internas y buscando su unión y reconciliación, destacó por la aparición de aspectos lunares catorce veces, con una frecuencia de 20,0, aspectos solares doce veces, con una frecuencia de 15,0, y aspectos axiales nueve veces, con una frecuencia de 14,0. La coniunctio Solis et Lunae, que simboliza la unión de opuestos, fue especialmente relevante aquí.

Estos casos muestran que la selección aleatoria de horóscopos reflejó influencias que coinciden con nuestras experiencias con el I

Ching y otros métodos adivinatorios. Aunque estas coincidencias caben dentro de lo esperable por azar y no pueden considerarse de otra manera, la correlación entre las variaciones y el estado psíquico de los individuos plantea preguntas interesantes. Estos estados psíquicos se caracterizan por el encuentro con lo inconsciente, opuesto a la voluntad consciente, sugiriendo un fenómeno sincronístico donde el arquetipo se manifiesta conforme al estado emocional del individuo: Marte como el maleficus emocional en el primer caso, el eje axial como fortalecedor de la personalidad en el segundo, y la coniunctio de opuestos en el tercero.

Dado que mis habilidades matemáticas son limitadas, solicité la ayuda del profesor Markus Fierz de Basilea para calcular la probabilidad de mis observaciones más destacadas. Tras un error inicial en los cálculos, la probabilidad final se estableció en 1:1500, indicando que, aunque nuestros hallazgos más notables son improbables, entran dentro del ámbito de lo posible por azar. Esto sugiere que, desde una perspectiva científica, los resultados no apoyan firmemente la astrología, ya que las diferencias entre las frecuencias de aspectos en matrimonios y no casados se disuelven con el aumento del tamaño de la muestra. Así, parece difícil defender la validez astrología frente a críticas metodológicas, a pesar de las intrigantes coincidencias observadas.

Los resultados obtenidos de nuestra investigación astrológica se resumen de manera fascinante en el análisis de los tres lotes de horóscopos de matrimonios, donde se destacan máximos claros para ciertas conjunciones. Estas conjunciones han sido tradicionalmente consideradas significativas en la literatura astrológica antigua y representan la esencia de la tradición astrológica. El primer lote de 180 horóscopos reveló un máximo para una conjunción específica, el segundo lote de 220 mostró un máximo para otra, y el tercer lote de 83 indicó un máximo distinto. Las probabilidades asociadas a estos lotes son sorprendentemente bajas, lo que sugiere que tales coincidencias son altamente improbables.

Para ilustrar estos resultados inusuales, usamos la analogía de tres cajas de cerillas conteniendo una gran cantidad de hormigas negras y solo una blanca en cada caja. La probabilidad de que la hormiga blanca sea la primera en salir en cada caso es extremadamente baja, especialmente en los dos primeros escenarios. Sin embargo, en nuestra investigación, las conjunciones destacadas por la tradición resultaron ser las más prominentes de manera altamente improbable.

A pesar de estas coincidencias, es importante destacar que las conjunciones específicas varían, pues la Luna se asocia con diferentes consortes en cada caso. Estas asociaciones implican los tres componentes principales del horóscopo: el ascendente, la Luna y el Sol, que caracterizan respectivamente el momento, el día y el mes de nacimiento.

Al considerar las improbables coincidencias observadas, especialmente cuando se ajusta la probabilidad teniendo en cuenta múltiples conjunciones lunares en los lotes, las cifras sugieren una improbabilidad tan notable que parecería respaldar la astrología. Sin embargo, si estas coincidencias caen dentro de los límites de lo que podría esperarse por azar, no pueden sostener las afirmaciones astrológicas más allá de la mera coincidencia.

Este fenómeno, que he denominado sincronístico, resalta la limitación de las estadísticas para capturar la complejidad del mundo real. Las estadísticas ofrecen un promedio, pero no pueden reflejar completamente la realidad, ya que esta última está plagada de excepciones tan significativas como las reglas generales. Las excepciones observadas en nuestra investigación, por improbables que sean, son fundamentales para entender que el mundo real desborda los límites de cualquier modelo estadístico. Por lo tanto, se requiere un principio complementario para describir y explicar la naturaleza en su totalidad, reconociendo que el método estadístico, aunque útil, ofrece solo una visión parcial de la realidad.

Al reflexionar sobre los experimentos de J.B. Rhine y observar cómo los resultados dependen significativamente del interés activo de la persona, podemos considerar que lo experimentado en nuestra investigación podría calificarse como un fenómeno sincronístico. El análisis estadístico reveló una coincidencia improbable tanto teórica como prácticamente, en perfecta armonía con las teorías astrológicas tradicionales. La probabilidad de que tal coincidencia ocurriera por casualidad es tan baja que, de antemano, nadie habría apostado por ella. Parecería como si se hubiera manipulado el material estadístico para asegurar un resultado favorable. Dadas las condiciones emocionales y los intereses arquetípicos involucrados, ya que tanto mi colaboradora como yo teníamos un gran interés en el resultado y la cuestión de la sincronicidad me había fascinado durante años, lo ocurrido parece reflejar un patrón que podría haberse repetido a lo largo de la historia en la práctica astrológica.

Si los astrólogos hubieran aplicado un enfoque más científico y estadístico a sus interpretaciones, posiblemente habrían reconocido hace tiempo la base inestable sobre la que se asentaban sus afirmaciones. Sin embargo, es probable que, al igual que en mi caso, existiera una relación secreta y mutua entre el material y el estado psíquico del observador, lo que dificulta demostrar científicamente la existencia de algo más allá de la coincidencia.

El sorprendente resultado de nuestro estudio se vio aún más impactado por el descubrimiento de que se había cometido un engaño inconsciente. Errores en las estadísticas, que inicialmente parecían favorecer la astrología, fueron descubiertos y corregidos a tiempo. Esto, junto con las revisiones finales de los cálculos de probabilidad que disminuyeron la improbabilidad de nuestros resultados, aunque sin llegar a ser considerados probables, sugiere la posibilidad de un arreglo artificial o fraudulento, algo extremadamente problemático para los involucrados.

La experiencia nos enseña que los fenómenos sincronísticos espontáneos a menudo involucran al observador de manera significativa, convirtiéndolo en parte del evento. Este es un riesgo inherente a cualquier experimento parapsicológico, donde la percepción extrasensorial (ESP) depende notablemente del componente emocional del experimentador y del sujeto. Por lo tanto, consideré mi responsabilidad científica reportar estos hallazgos de manera exhaustiva, evidenciando que no solo el material estadístico, sino también los procesos psíquicos de los participantes, estuvieron influenciados por la dispersión sincronística. Para garantizar la integridad de mi investigación, sometí mi reporte original a la revisión de cuatro expertos, incluidos dos matemáticos, para obtener una mayor seguridad en los resultados.

El esfuerzo por confirmar la naturaleza casual de nuestros hallazgos nos llevó a realizar otro experimento estadístico, rompiendo el orden cronológico original y la división en lotes. Mezclamos los matrimonios, poniendo el primero con el último, el segundo con el penúltimo, y así sucesivamente, antes de dividirlos nuevamente en tres grupos de cien. Este nuevo enfoque reveló que, a pesar de la reorganización, las conjunciones lunares clásicas seguían emergiendo como máximos en los resultados, reafirmando su presencia significativa a pesar de un orden alterado. Este fenómeno refleja la naturaleza de los métodos mánticos y otros procedimientos similares, que parecen propiciar condiciones para que surjan coincidencias significativas.

La verificación de fenómenos sincronísticos, como se demostró en los experimentos de Rhine, destaca la interacción entre el estado psíquico y el proceso objetivo, algo que merece atención debido a la dificultad de capturar su esencia a través de métodos estadísticos. A pesar de esto, los experimentos de Rhine han mostrado una resistencia notable a las limitaciones de las estadísticas, lo que sugiere que hay más en los fenómenos sincronísticos de lo que las simples coincidencias pueden explicar.

Rhine logró sus resultados positivos, no con experimentos aislados en individuos específicos, sino a través de una renovación constante del interés y la emoción, lo que sugiere que la sincronicidad puede ser más accesible cuando el inconsciente se involucra más directamente, diluyendo las barreras del espacio y el tiempo. Esta creatio ex nihilo, o creación desde la nada, apunta a una realidad en la que los procedimientos mánticos, al estimular emocionalmente al inconsciente, permiten el surgimiento de lo sincronístico.

Los fenómenos sincronísticos a menudo muestran una conexión directa con un arquetipo del inconsciente colectivo, indicando que los eventos sincronísticos no están limitados a individuos o localizaciones específicas, sino que reflejan una realidad más amplia en la que el espacio y el tiempo son relativos. Esta conexión arquetípica sugiere que ciertos eventos pueden ser conocidos o percibidos más allá de las limitaciones convencionales de espacio y tiempo, evidenciando una dimensión de la realidad que es accesible a través del inconsciente colectivo.

El caso de Swedenborg y su visión simultánea de un fuego real en Estocolmo ilustra cómo el inconsciente, operando fuera de las limitaciones convencionales de espacio y tiempo, puede reflejar eventos reales en el mundo físico. Esto sugiere que, para el inconsciente, existe una continuidad en la que el conocimiento trasciende las barreras espaciotemporales, permitiendo percepciones que van más allá de lo que se consideraría posible dentro de un marco causal estricto. Este entendimiento desafía nuestra concepción tradicional de la realidad, abriendo la puerta a una comprensión más profunda de la sincronicidad y su papel en la conexión entre el inconsciente y el mundo físico.

La principal limitación de mis estadísticas astrológicas radica en que todo el experimento se centró en una sola persona: yo mismo. A diferencia de los experimentos de Rhine, que involucraron a varios sujetos, mi interés variado en el material fue el principal estímulo. Este enfoque resultó en una disminución del entusiasmo y, por consiguiente, en un deterioro de los resultados a medida que se sucedían los experimentos. Este patrón demuestra cómo la familiaridad con el proceso puede afectar negativamente los resultados, lo que se reflejó en la dispersión de las cifras más altas y oscureció el resultado inicial favorable. Además, un experimento final, que alteró el orden original de los horóscopos y su división en lotes arbitrarios, mostró que una distribución diferente podía cambiar el resultado, aunque el significado de este cambio no estuviera del todo claro.

Las lecciones de Rhine sugieren que, excepto en casos donde se manejan grandes cantidades de datos (como en medicina), el interés y la expectación del investigador pueden sincronizarse con resultados inicialmente favorables, pese a todas las precauciones. Sin embargo, interpretar estos resultados como "milagros" sería un error para quienes no comprenden el carácter estadístico de las leyes naturales.

Si aceptamos que las coincidencias significativas no pueden explicarse por causalidad, debemos buscar el principio de relación en el significado compartido de los eventos paralelos. Este enfoque nos lleva a considerar que el significado puede existir fuera de la psiquis humana, desafiando nuestras concepciones científicas y epistemológicas convencionales. La dificultad radica en la falta de herramientas científicas para demostrar la existencia de un significado objetivo que trascienda lo puramente psíquico. Sin embargo, rechazar esta hipótesis nos obligaría a recurrir a explicaciones de causalidad mágica, otorgando a la psiquis poderes que van más allá de su capacidad empírica.

La hipótesis de un significado trascendental, que se manifiesta tanto en la psiquis humana como en eventos externos e independientes, ofrece una alternativa que no contradice el principio empírico de causalidad y puede considerarse como un principio propio. Esta hipótesis no requiere modificar los principios de la explicación natural, pero sí sugiere que debemos ampliar nuestro marco conceptual para incluir nuevos principios, justificados solo por argumentos convincentes.

La psicología, como todas las ciencias, no puede ignorar tales experiencias indefinidamente, ya que son cruciales para comprender el inconsciente y tienen implicaciones filosóficas significativas. Este enfoque propone un entendimiento más amplio de la realidad, donde el significado y la sincronicidad juegan roles fundamentales en la interacción entre la psiquis y el mundo físico.

3. Precursores De La Idea De Sincronicidad

El principio de causalidad sostiene que la conexión entre causa y efecto es fundamental, mientras que el principio de sincronicidad argumenta que las coincidencias significativas se vinculan tanto por la simultaneidad como por el significado. Así, si aceptamos que los experimentos de percepción extrasensorial (ESP) y otras observaciones son realidades comprobadas, deberíamos deducir que, aparte de la relación causa-efecto, existe otro elemento en la naturaleza que se revela en la organización de los eventos y que percibimos como significado. Aunque este significado sea una interpretación antropomórfica, resulta ser el criterio esencial de la sincronicidad. La existencia autónoma de este factor, que interpretamos como "significado", es algo que escapa a nuestro conocimiento. No obstante, considerándolo como una hipótesis, su posibilidad no es tan descabellada como podría parecer inicialmente. Es importante reconocer que la perspectiva racionalista occidental no es ni única ni exhaustiva; de hecho, en varios aspectos, representa un sesgo y una inclinación que bien podrían necesitar una revisión. La civilización china, considerablemente más antigua que la nuestra, siempre ha mantenido una visión distinta sobre este tema. Para hallar un paralelismo en nuestra cultura, al menos en el ámbito filosófico, debemos remontarnos a Heráclito. La única área donde no observamos diferencias fundamentales entre nuestra visión y la china es en la astrología, la alquimia y las prácticas adivinatorias. Esto explica el desarrollo paralelo de la alquimia en Oriente y Occidente, y la búsqueda de un mismo objetivo mediante conceptos similares.

Uno de los conceptos más antiguos y centrales de la filosofía china es el Tao, que fue interpretado por los jesuitas como "Dios". Sin embargo, esta interpretación sólo es relevante desde una perspectiva occidental. Otras traducciones como "providencia" son meramente aproximaciones temporales. Richard Wilhelm lo describe acertadamente como "significado". El Tao impregna toda la filosofía china, ocupando un lugar preeminente, no en términos de causalidad —un concepto que sólo ha cobrado importancia en los últimos dos siglos bajo la influencia del método estadístico y el éxito de las ciencias naturales—, sino como un principio fundamental que rechaza la visión metafísica del mundo.

Lao-Tsé ofrece una descripción del Tao en su renombrado texto, el Tao-Te King, donde lo presenta como algo etéreo y completo, existente antes del cielo y la tierra, sereno y vacío, independiente y constante, que lo abarca todo sin fallar. Lo identifica como la madre de todas las cosas bajo el cielo, sin poder nombrarlo, aunque opta por llamarlo "Significado". De tener que nombrarlo, lo denominaría "El Grande".

El Tao envuelve a todas las entidades del mundo sin pretender dominarlas, actuando como una vestimenta que cubre sin imponer (Cap. XXXIV). Lao-Tsé lo define como "Nada", lo cual, según Wilhelm, expresa su contraposición al mundo tangible. Lao-Tsé ilustra su esencia a través de ejemplos cotidianos:

Cuando unimos treinta radios en el centro, formamos una rueda; sin embargo, es el espacio vacío en su centro lo que le confiere utilidad.

Moldeamos arcilla para crear un recipiente, pero es el vacío dentro del mismo lo que lo hace útil.

Construimos puertas y ventanas en una casa; la utilidad de esta reside en los espacios vacíos que permiten el paso y la visión.

Por lo tanto, mientras valoramos la existencia de los objetos, debemos apreciar la utilidad de lo inexistente (Cap. XI).

Lo que se denomina "Nada" es, en realidad, el "significado" o "propósito" detrás de las cosas, llamado así porque no se manifiesta de forma tangible, aunque organiza el mundo sensible.

Lao-Tsé expresa:

"Porque, al mirar sin poder verlo, lo llamamos invisible.

Al escuchar sin poder oírlo, lo llamamos inaudible.

Al buscar sin poder encontrarlo, lo llamamos sutil.

Estas son las formas sin forma, presencias sin presencia, figuras nebulosas.

Acércate a ellas y no verás su frente; síguelas y no verás su espalda".

(Cap. XIV)

Wilhelm caracteriza al Tao como una noción limítrofe, ubicada en la frontera del mundo perceptible. En esta dimensión, los opuestos se equilibran sin distinción, aunque permanecen latentes en potencia. Prosigue explicando que estas "semillas" apuntan hacia lo visible, en forma de imágenes; hacia lo audible, similar a las palabras; y hacia lo tangible en el espacio, es decir, formas definidas. Sin embargo, estos tres aspectos no están claramente diferenciados; conforman una unidad atemporal y aespacial, sin arriba ni abajo, ni delante ni detrás. Como se menciona en el Tao Te King:

"Inmensurable y etéreo, aun así contiene formas;

Etéreo e inmensurable, aun así alberga seres.

Es difuso y oscuro".

(Cap. XXI)

Para Wilhelm, la realidad es conceptualmente comprensible porque, desde la perspectiva china, existe una "racionalidad" inherente en todas las cosas. Esta noción es fundamental para entender la sincronicidad significativa: es factible debido a que ambos aspectos comparten el mismo significado. Donde impera el significado, reina el orden.

"El Tao es eterno, aunque no tenga nombre.

El Bloque Sin Labrar, pese a parecer menor,

supera en grandeza a todo lo existente bajo el cielo.

Si reyes y nobles lo mantuvieran,

todas las criaturas se unirían en homenaje;

el cielo y la tierra se coordinarían para

derramar el Dulce Rocío:

los hombres vivirían en concordia, sin necesidad de leyes".

(Cap. XXXII)

"El Tao por sí solo no actúa;

sin embargo, a través de él, todo se realiza".

(Cap. XXXVII)

"La red del cielo es vasta,

sus mallas son amplias, pero nada se le escapa".

(Cap. LXXIII)

Ch'uang-Tsé, contemporáneo de Platón, aborda las bases psicológicas del Tao, señalando que el estado donde el yo y el no-yo dejan de ser contrarios se denomina el eje del Tao. Critica sutilmente nuestra visión científica al afirmar que el Tao se oscurece al enfocarse únicamente en segmentos aislados de la existencia o al olvidar que las palabras, en su origen, no tenían significados fijos, y que las diferencias emergen de las percepciones subjetivas. "Los sabios antiguos partieron de un punto en el que aún no había distinción entre las cosas. Ese límite insuperable precedía incluso a la separación de las cosas. Cuando las cosas se distinguieron, pero sin la existencia de la afirmación y la negación, el Tao permanecía intacto. La emergencia de la afirmación y la negación marcó el inicio de su debilitamiento, seguido de posturas unilaterales".

Ch'uang-Tsé también reflexiona sobre la percepción y el conocimiento, indicando que la escucha no debe trascender el oído ni el intelecto separarse del ser, permitiendo así que el alma se vacíe y abarque el todo, siendo el Tao quien llena este vacío. Insta a usar la visión y audición internas para comprender la esencia de las cosas, aludiendo al conocimiento absoluto del inconsciente y a la conexión de lo macrocósmico en lo microcósmico.

Este enfoque taoísta representa el pensamiento holístico chino, destacado por Marcel Granet como una visión global en contraste con la occidental, más focalizada en los detalles. En la cultura china, un tema aparentemente puntual desencadena respuestas que abarcan un contexto más amplio, evidenciando una percepción de totalidad que incluye coincidencias aparentemente fortuitas.

La teoría de la correspondencia y la idea de una simpatía universal entre todas las cosas se remontan a los filósofos naturalistas medievales y a Hipócrates, quien hablaba de una corriente común y una respiración compartida, subrayando la interconexión de todo el organismo hacia un propósito común.

Philo, por su parte, reflexiona sobre la intención divina de unir el principio y el fin de la creación, asignando al cielo y al hombre, respectivamente, roles emblemáticos como el objeto más perfecto y lo más noble de lo terrenal, respectivamente, con el hombre como un microcosmos que refleja las constelaciones celestiales. Esta visión subraya la interrelación entre lo corruptible y lo incorruptible, designando lo más bello de cada ámbito al principio y al final de la creación.

Desde la perspectiva de Teofastro, existe un vínculo indisoluble entre lo suprasensorial y lo sensorial, que no puede ser descrito matemáticamente, sugiriendo que este lazo podría ser de origen divino. Plotino expande esta idea, afirmando que las almas individuales, originadas del Alma Universal, se conectan a través de la simpatía o antipatía sin importar la distancia. Este concepto es similar en Pico della Mirándola, quien propone una triple unidad dentro de la existencia: una unidad interna que hace que cada entidad sea coherente consigo misma; una unidad que vincula a cada ser con el resto, formando un solo mundo; y, por último, una unidad que conecta todo el universo con su Creador. Pico argumenta que, a pesar de estas tres distinciones, la unidad no pierde su simplicidad esencial.

Para Pico, el mundo es un ente divino visible, un organismo vivo desde su inicio, comparado con el corpus mysticum de Dios. Este enfoque sugiere que el orden del mundo no se rige por la causalidad, sino por una armonía preestablecida, donde cada parte opera bajo una coordinación que trasciende la causalidad inminente.

En "De hominis dignitate", Pico afirma que al nacer, el hombre recibe semillas de todas las posibilidades y los inicios de toda vida, destacando la posición central del hombre en el cosmos, como síntesis de los tres mundos (supracelestial, celestial y sublunar), y como un reflejo del divino, un microcosmos. Esta noción de la humanidad como centro del universo prevaleció hasta que la ciencia moderna redefinió la relación del hombre con la naturaleza, relegando la idea de una correlación intrínseca entre eventos y significados a un plano olvidado, a pesar de su importancia en las teorías de pensadores como Schopenhauer y Leibniz.

La concepción microcósmica del hombre, como hijo del macrocosmos, también se refleja en tradiciones esotéricas como la alquimia y la liturgia mitraica, donde el individuo se ve como una estrella viajera junto al cosmos. Agripa von Nettesheim reitera esta visión, sosteniendo que, al igual que en el mundo arquetípico, todo está en todo, manifestándose de diversas formas según la capacidad receptiva de cada entidad, extendiendo esta interconexión desde los elementos terrenales hasta los cielos, los ángeles y Dios mismo.

Los antiguos proclamaban que "todas las cosas están llenas de dioses", refiriéndose a las fuerzas divinas dispersas en el universo. Zoroastro las denominó "atracciones divinas" y

Sinesio "encantos simbólicos", términos que se aproximan a lo que en psicología moderna entendemos como proyecciones arquetípicas. La idea de que existe un "poder inmanente" que armoniza el mundo inferior con el superior, según Agripa, sugiere que incluso los animales están vinculados a los cuerpos celestes que influyen en ellos. Este concepto anticipa la noción contemporánea de que los seres vivos poseen un "conocimiento" o "imaginación" innatos, similares a las ideas actuales sobre los procesos teleológicos en biología y el papel del inconsciente.

Agripa y los platónicos conciben un conocimiento previo no relacionado con el ego, un "conocimiento absoluto" no consciente que podría considerarse una percepción de imágenes arquetípicas, según la terminología de Leibniz. Este conocimiento absoluto sería análogo al inconsciente colectivo, que contiene "las imágenes de toda la creación". La referencia al "spiritus mundi" y otros conceptos alquímicos por parte de Agripa podría interpretarse como una alusión al inconsciente.

En este contexto, el alma del mundo es vista como una fuerza unificadora que teje una "trama única del mundo", propiciando la generación de semejanzas o "correspondencias significativas". Agripa elabora una lista de estas correspondencias, basándose en los números del 1 al 12, que refleja una jerarquía de arquetipos presentes en el inconsciente.

La influencia de Agripa en Teofrasto Paracelso es notable, especialmente en la idea de correspondencias. Paracelso enfatiza la importancia de comprender al hombre y la naturaleza como microcosmos, reflejando la estructura del cielo y la tierra, una visión que fundamenta su filosofía y medicina. Este enfoque holístico se extiende a consideraciones psicológicas en la práctica médica, donde Paracelso compara el arcano médico con una torre enfrentando los cuatro vientos, simbolizando la totalidad del mundo y del hombre dentro del médico, una visión que vincula estrechamente a la alquimia con la transformación y maduración de los secretos filosóficos.

Esta interconexión entre el macrocosmos y el microcosmos, el conocimiento innato y las correspondencias universales, refleja una cosmovisión en la que todo está interrelacionado, ofreciendo una perspectiva holística que abarca desde la antigüedad hasta las concepciones modernas de la psicología y la filosofía.

Johannes Kepler sostenía enérgicamente esta idea. En su obra "Tertius Interveniens" de 1610, menciona:

"Esto (refiriéndose a un principio geométrico fundamental en el mundo físico) constituye, de acuerdo con la enseñanza de Aristóteles, el vínculo más sólido que conecta el mundo terrenal con los cielos, unificándolos de tal manera que todas sus formas se rigen desde lo alto. En este mundo inferior, es decir, en la Tierra, reside una esencia espiritual dotada de capacidad para la Geometría, que, por instinto creador y sin necesidad de razonamiento, cobra vida y se estimula a sí misma empleando sus fuerzas mediante la combinación geométrica y armónica de los rayos de la luz celestial. No puedo asegurar que todas las plantas y animales, al igual que el globo terráqueo, posean esta facultad intrínsecamente. Sin embargo, no es algo descabellado... ya que, en todos estos casos (por ejemplo, el hecho de que las flores tengan un color específico, una forma y un número determinado de pétalos), actúa el instinto divino, partícipe de la razón, y no la inteligencia humana por sí misma. Asimismo, a través de su alma y las facultades inferiores de esta, el ser humano guarda semejanza con los cielos, del mismo modo que lo hace la superficie terrestre, lo cual puede ser demostrado y verificado de diversas maneras."

En relación al "carácter" astrológico o la sincronicidad astrológica, Kepler declara:

"Este carácter no lo adquiere el cuerpo, por ser demasiado inapropiado para ello, sino la propia naturaleza del alma, que actúa como un punto (y por ello puede convertirse también en el punto de confluencia de los rayos). Esta naturaleza del alma no solo comparte su razón (por la cual los humanos somos considerados racionales por encima de otras criaturas vivientes), sino que también posee una razón innata que le permite comprender instantáneamente, sin necesidad de un largo aprendizaje, la geometría en los rayos, así como en los sonidos, es decir, en la música."

"Además, es maravilloso que la naturaleza que recibe dicho carácter también genere cierta correspondencia con las constelaciones celestes en sus allegados. Cuando una embarazada está cerca de dar a luz y el momento natural del parto se aproxima, la naturaleza elige para el nacimiento un día y una hora que, desde una perspectiva astrológica, está relacionado con el nacimiento del hermano o del padre de la madre, y esto no de manera cualitativa, sino astronómica y cuantitativamente."

"Por otro lado, cada naturaleza no solo conoce su carácter celestial, sino también las configuraciones celestiales y los movimientos diarios. Siempre que un planeta cambia de posición a una ascendente o a lugares destacados, especialmente durante los nacimientos, esto responde y se ve estimulado y afectado de diversas maneras."

Kepler argumenta que el secreto de esta maravillosa correspondencia debe hallarse en la Tierra, ya que esta es animada por un 'anima telluris', para cuya existencia presenta varias evidencias, incluyendo: la temperatura constante bajo la superficie terrestre; el peculiar poder del alma terrestre para producir metales, minerales y fósiles, es decir, la facultad formadora, similar a la del útero, capaz de generar en el interior de la Tierra formas que solo se encuentran en la superficie —como barcos, peces, reyes, papas, monjas, soldados, etc.—. Otra evidencia es la práctica de la geometría, puesto que esta da lugar a los cinco cuerpos geométricos y las figuras de seis vértices en cristal. El 'anima telluris' posee todo esto por un impulso original, independiente del pensamiento y razonamiento humano.

La localización de la sincronicidad astrológica no reside en los planetas, sino en la Tierra; no se encuentra en lo material, sino en el alma de la Tierra. Así, cualquier manifestación natural o viva posee una "semejanza divina".

Esta noción era el pilar intelectual cuando Gottfried Wilhelm von Leibniz (1646-1716) presentó su concepto de la armonía preestablecida, o sea, un sincronismo perfecto entre los eventos psíquicos y físicos. Dicha teoría fue perdiendo terreno gradualmente ante la idea del "paralelismo psicológico". La armonía preestablecida de Leibniz, junto con la idea previa de Schopenhauer sobre que la unidad de la causa primera engendra una simultaneidad e interconexión entre eventos no causalmente vinculados, no son más que una reiteración de la antigua visión peripatética, revestida de un nuevo determinismo en el caso de Schopenhauer, y una sustitución parcial de la causalidad por un orden preexistente en el de Leibniz. Para él, Dios es el arquitecto de este orden. Comparó el alma y el cuerpo con dos relojes sincronizados, y usó esta analogía para describir las relaciones entre las mónadas o entelequias.

Aunque las mónadas no pueden influirse directamente, ya que "no tienen ventanas" (lo que implica una relativa abolición de la causalidad), están tan finamente orquestadas que siempre concuerdan sin necesidad de conocerse. Leibniz ve cada mónada como un "pequeño universo" o "un espejo activo indivisible". El ser humano no es solo un microcosmos que encapsula todo, sino que cada mónada, o entelequia, es un microcosmos por derecho propio. Cada "sustancia simple" refleja a todas las demás, siendo "un perpetuo espejo viviente del universo". Las mónadas de los seres vivos las denomina "almas", y sostiene que "el alma sigue sus propias leyes, al igual que el cuerpo sigue las suyas, en virtud de la armonía preestablecida entre todas las sustancias, ya que todas ellas son representaciones de un mismo universo". Esto resalta la idea de que el ser humano es un microcosmos. "Las almas, en general", afirma Leibniz, "son espejos vivos o imágenes del universo de las cosas creadas". Distingue entre las mentes, por un lado, que son "reflejos de la Divinidad... capaces de conocer el sistema del universo y de emular algo de él mediante modelos arquitectónicos, siendo cada mente portadora de una pequeña divinidad en su propio ámbito", y los cuerpos, por otro, que "actúan de acuerdo con las leyes de las causas eficientes a través del movimiento", mientras que las almas lo hacen "según las leyes de las causas finales mediante apetencias, fines y medios". En la mónada o alma, se producen cambios impulsados por la "apetencia". "El estado transitorio, que engloba y representa una pluralidad en la unidad o sustancia simple, es lo que conocemos como percepción", explica

Leibnitz. La percepción es "el estado interno de la mónada que refleja algo externo", y no debe confundirse con la apercepción consciente, "ya que la percepción puede ser inconsciente". Aquí yace el gran equívoco de los cartesianos, que ignoraron las percepciones "no percibidas". La capacidad perceptiva de la mónada se basa en el conocimiento y su facultad apetitiva en la voluntad, que reside en Dios.

En estos planteamientos, además de una relación causal, Leibniz propone un paralelismo preestablecido total de eventos, tanto internos como externos a la mónada. El principio de sincronicidad se erige así en la norma absoluta en todos aquellos casos en que se produce un evento interno, simultáneo a otro externo. Sin embargo, es preciso considerar que los fenómenos sincronísticos empíricamente comprobables, lejos de ser la regla, son tan excepcionales que muchos dudan de su existencia. En realidad, ocurren mucho más a menudo de lo que creemos o podemos demostrar; aun así, desconocemos si se presentan en algún ámbito de la experiencia con suficiente frecuencia y regularidad como para hablar de ellos como una ley.

Solo sabemos que debe existir un principio subyacente que explique la relación entre todos estos fenómenos.

La visión antigua, clásica y medieval de la naturaleza sugiere la existencia de un principio paralelo a la causalidad. Incluso para Leibniz, la causalidad no era la única ni la principal concepción. Durante el siglo XVIII, se consolidó como el fundamento exclusivo de la ciencia natural. Con el avance de las ciencias físicas en el siglo XIX, la noción de correspondencia se esfumó totalmente y el enfoque mágico de épocas anteriores pareció desvanecerse definitivamente. Sin embargo, a finales de ese siglo, los pioneros de la Sociedad para la Investigación Psíquica revivieron indirectamente esta cuestión al explorar fenómenos telepáticos.

La cosmovisión medieval, repleta de prácticas mágicas y adivinatorias, jugaba un rol crucial en la experiencia humana desde tiempos inmemoriales. Para esta mentalidad, los experimentos de laboratorio realizados por Rhine serían considerados actos mágicos, cuyos resultados no resultarían tan asombrosos. Estos fueron interpretados como "transmisión de energía", interpretación que perdura, aunque, como mencioné, es imposible establecer un modelo empírico verificable de esta transmisión.

Es claro que para la mente primitiva, la sincronicidad es un hecho innegable, y por lo tanto, el azar no existe. Ningún suceso, enfermedad o muerte es casual o resulta de causas "naturales". Todo es atribuido a la influencia mágica. El cocodrilo que ataca a un hombre mientras se baña es enviado por un hechicero; las enfermedades son causadas por espíritus; la serpiente junto a la tumba de la madre es vista como su alma. En el nivel primitivo, la sincronicidad no se conceptualiza como tal, sino más bien como una causalidad "mágica". Esto representa una forma temprana de nuestra noción clásica de causalidad, mientras que en la filosofía china, este sentido de lo mágico derivó en el "concepto" del Tao, entendido como una ciencia de coincidencias significativas que no depende de la causalidad.

La sincronicidad sugiere un significado que, a priori, está vinculado al conocimiento humano y parece existir independientemente del ser humano. Esta teoría se halla especialmente en la filosofía de Platón, quien postulaba la existencia de formas trascendentales o modelos empíricos de las cosas, las eidos (formas, ideas), cuyos reflejos, los eidola, percibimos en el mundo fenoménico. Esta hipótesis no solo no fue problemática en sus inicios, sino que, por el contrario, resultaba evidente por sí misma. La idea de un significado innato también se encuentra en los antiguos matemáticos, como refleja la interpretación matemática que Jacobi hizo del poema "Arquímedes y su alumno" de Schiller. Éste elogia el cálculo de la órbita de Urano, concluyendo con las palabras:

"Lo que observamos en el cosmos es simplemente la luz de la gloria de Dios; en el panteón del Olimpo, el Número reina eternamente".

Al célebre matemático Gauss se le atribuye la frase: "Dios realiza aritmética".

La noción de sincronicidad y la existencia de un significado inherente, pilares fundamentales del pensamiento tradicional chino y de la perspectiva simplista de la Edad Media, hoy nos parecen conceptos obsoletos que deberíamos abandonar sin miramientos. A pesar de los esfuerzos de Occidente por superar esta antigua idea, no ha conseguido erradicarla por completo. Aunque ciertas prácticas adivinatorias parecen haberse esfumado, la astrología, hoy día, goza de una relevancia sin precedentes, manteniéndose firme y vital. Asimismo, el avance del determinismo científico no ha logrado apagar del todo la influencia del principio de sincronicidad, ya que este último no se basa tanto en la superstición como en una verdad largamente ignorada por centrarse menos en lo físico y más en lo psíquico de los acontecimientos. Han sido la psicología y la parapsicología las disciplinas que han revelado cómo la causalidad no basta para explicar ciertos fenómenos, señalando hacia la necesidad de aceptar la sincronicidad como un principio explicativo alternativo.

Para aquellos interesados en la psicología, quisiera compartir que la idea de un significado autocontenido se manifiesta en los sueños. En una ocasión, debatiendo este tema, alguien comentó: "El cuadrado geométrico solo aparece en la naturaleza en los cristales". Esa noche, una señora que había asistido a la conversación soñó lo siguiente:

"Había un arenal en su jardín, lleno de escombros. Entre ellos, descubrió unas láminas de pizarra con líneas verdes. En una de estas láminas, había cuadrados negros concéntricos, no pintados, sino inherentes al color de la piedra, como las vetas de una ágata. En otras láminas encontró marcas similares, y un conocido se las llevó".

Otro sueño, de naturaleza similar, fue este:

"El soñante se encontraba en un paraje salvaje y montañoso, donde descubrió unas capas de roca triásica. Al explorarlas, quedó asombrado al encontrar cabezas humanas en bajo relieve".

Este sueño se repitió en varias ocasiones, con largos intervalos entre ellos. En otra ocasión, el soñante

"viajaba por la tundra siberiana y encontró un animal que llevaba tiempo buscando. Era un gallo de tamaño inusual, hecho de una sustancia que parecía cristal fino e incoloro. A pesar de su apariencia, el animal estaba vivo y había surgido, por casualidad, de un organismo unicelular capaz de transformarse en cualquier tipo de animal o incluso en objetos de uso cotidiano de cualquier tamaño. Poco después, estas formas efímeras desaparecieron sin dejar rastro".

Un sueño más en esta línea:

"El soñador caminaba por una región montañosa y arbolada. Al llegar a un saliente rocoso en una ladera empinada, descubrió un pequeño ser del color del óxido de hierro, ocupado en cavar una cueva. Detrás de él, se veía un conjunto de columnas naturales, en cuyos picos había cabezas humanas de color marrón oscuro, talladas con detalle en una roca muy dura. El pequeño ser había extraído estas figuras del conglomerado amorfo que las rodeaba. Al principio, el soñador dudó de lo que veía, pero luego comprendió que las columnas se extendían hacia el interior de la montaña y que debían haber surgido sin intervención humana. Pensó que la roca debía tener al menos medio millón de años y que era improbable que fuese obra de seres humanos".

Estos sueños sugieren la existencia de un elemento formal en la naturaleza, no describiendo meras anomalías, sino la coincidencia significativa entre un fenómeno natural y una idea humana, aparentemente independiente. Esto, precisamente, es lo que los sueños buscan revelar, acercando al conocimiento tal conexión a través de su repetición.

4. Conclusión

No veo estas reflexiones como el veredicto final sobre mis ideas, sino más bien como una conclusión derivada de observaciones empíricas que deseo compartir con los lectores. A partir de los datos disponibles, no encuentro alternativas a las hipótesis que podrían explicar adecuadamente los fenómenos observados, incluidos los experimentos de percepción extrasensorial. Soy plenamente consciente de que la sincronicidad es un concepto totalmente abstracto e indescriptible. Otorga al ser vivo una cualidad psicoide que, junto al espacio, el tiempo y la causalidad, define su comportamiento. Es esencial abandonar la noción de que la psique está de alguna manera vinculada al cerebro, y considerar el comportamiento "significativo" o "inteligente" de seres inferiores que carecen de cerebro. En este punto, estamos más cerca de un principio formal, que, como he mencionado, no guarda relación con la actividad cerebral.

Si aceptamos esto, debemos entonces cuestionar si la relación entre cuerpo y alma se puede ver desde esta perspectiva; es decir, si la coordinación entre procesos psíquicos y físicos en un ser vivo puede interpretarse como un fenómeno de sincronicidad en lugar de una relación causal. Tanto Geulincx como Leibniz ven la coordinación de lo psíquico y lo físico como el acto divino de un principio ajeno a la naturaleza empírica. La idea de una relación causal entre psique y físico nos lleva a conclusiones que desafían nuestra experiencia: o bien existen procesos físicos que generan eventos psíquicos, o una psique preexistente organiza la materia. En el primer caso, es difícil imaginar cómo los procesos químicos pueden dar lugar a procesos psíquicos; en el segundo, cómo una psique inmaterial podría influir en la materia. No necesitamos recurrir a la armonía preestablecida de Leibniz ni a nada similar, que implicaría una absoluta correspondencia y simpatía universal, sino más bien a la coincidencia significativa de eventos temporales, tal como Schopenhauer los describe, que se alinean en la misma longitud. El principio de sincronicidad ofrece propiedades que podrían esclarecer la relación entre cuerpo y alma. El orden no causal, o mejor dicho, la organización significativa, es precisamente lo que puede iluminar el paralelismo psicofísico.

El "conocimiento absoluto", característico de los fenómenos sincronísticos, que se percibe sin mediación sensorial, sugiere la existencia de un significado intrínseco, o incluso, la expresión de su existencia. Tal existencia debe ser trascendental, ya que, como muestra el conocimiento de eventos futuros o distantes en el espacio, se manifiesta en un espacio-tiempo que es relativamente físico, o sea, en una dimensión espacio-temporal indescriptible.

Sería provechoso examinar más de cerca, desde esta perspectiva, ciertas experiencias que sugieren la presencia de procesos psíquicos que generalmente consideramos inconscientes. En este momento, pienso especialmente en las observaciones realizadas durante estados de síncope agudo causados por lesiones cerebrales graves. Contrario a lo esperado, la persona herida parece apática, en "trance", sin conciencia de su entorno. Sin embargo, la consciencia no ha desaparecido en absoluto. La comunicación sensorial con el exterior está severamente limitada, pero no completamente interrumpida, aunque el estruendo de la batalla pueda ser reemplazado repentinamente por un silencio "solemne". En estos estados, siempre prevalece una vivencia clara y emocionante de alucinación o levitación. El individuo herido parece elevarse en el aire, manteniendo la postura que tenía al ser herido. Si estaba de pie, se levanta así; si estaba sentado, se eleva sentado. En ocasiones, parece que su entorno se eleva con él, como todo el refugio en el que se encuentra. La altura de la levitación varía entre 18 pulgadas y varias yardas. Se pierde toda sensación de peso. En ciertos casos, los heridos creen estar nadando con sus brazos. Si hay alguna percepción del entorno, esta tiende a ser imaginaria, compuesta más bien de recuerdos. Durante la levitación, el estado de ánimo es generalmente eufórico. Los términos utilizados para describirlo incluyen "elevado, solemne, celestial, tranquilo, relajado, extático, expectante, emocionante...". Existen varios tipos de "experiencias de ascensión". Jantz y Beringer han observado acertadamente que es posible despertar a los heridos de su estado de síncope con estímulos mínimos, como llamarlos por su nombre o tocarlos, mientras que el bombardeo más intenso no tiene efecto alguno.

Una experiencia similar se observa en estados de coma profundo causados por distintas razones. Quisiera compartir un caso de mi experiencia médica personal: Una paciente, cuya confiabilidad y honestidad son indiscutibles, me relató que su primer parto fue extremadamente difícil. Después de treinta horas de esfuerzo infructuoso, el médico decidió que era necesario el uso de fórceps, procedimiento que se realizó bajo una ligera anestesia. Este proceso le causó un desgarro considerable y una significativa pérdida de sangre. Una vez que el médico, su madre y su esposo se habían retirado y todo parecía estar en calma, la enfermera expresó su deseo de ir a cenar y preguntó a la paciente si necesitaba algo antes de su ausencia. La paciente intentó responder, pero fue incapaz. Sintió como si se estuviera hundiendo en un abismo insondable a través del colchón. Observó a la enfermera acercarse rápidamente a la cabecera de la cama y tomar su mano para verificar su pulso. Por el movimiento de los dedos de la enfermera, la paciente dedujo que su pulso debía ser casi imperceptible. Sin embargo, se sentía bien e incluso encontraba algo cómico en la preocupación de la enfermera, sin experimentar miedo alguno. Ese fue su último recuerdo por un largo tiempo. Lo siguiente que recordó fue encontrarse mirando hacia abajo desde el techo, observando todo lo que sucedía en la habitación: Se vio a sí misma en la cama, extremadamente pálida y con los ojos cerrados. La enfermera estaba a su lado, el médico caminaba de un lado a otro mostrando inquietud y aparentando haber perdido el control. Sus familiares se aglomeraban en la puerta. Su madre y su esposo entraron, mirándola con expresiones de pánico. Se convenció a sí misma de que era absurdo pensar que iba a morir, ya que volvería a recuperarse. Durante todo este tiempo, era consciente de un paisaje celestial detrás de ella, como un parque resplandeciente con colores vivos, especialmente un prado verde esmeralda con hierba baja que sobresalía ligeramente sobre un portón de hierro forjado. Era primavera, y el césped estaba adornado con pequeñas flores alegres que nunca había visto antes. Todo el lugar brillaba bajo la luz del sol, y los colores eran de una intensidad indescriptible. El prado, en suave declive, estaba flanqueado por árboles de un verde oscuro. Tuvo la sensación de que había un claro en el bosque que ningún ser humano había pisado antes. "Era consciente de que aquello era la entrada a otro mundo y que si me giraba para mirarlo directamente, me sentiría tentada a cruzar la puerta y dejar este mundo". De hecho, no veía el paisaje directamente, pues estaba de espaldas a él, pero sabía que estaba allí. Sentía que nada le impedía atravesar el portón. Estaba segura de que regresaría a su cuerpo y que no moriría, lo que hacía que viera la agitación del médico y la preocupación de sus familiares como algo ridículo y desubicado.

Lo que sucedió a continuación fue que salió del coma y vio a la enfermera inclinada sobre ella. Le informaron que había estado inconsciente por media hora. Al día siguiente, al sentirse algo más recuperada, comentó acerca de la actuación incompetente y "histérica" del médico durante su coma. La enfermera negó rotundamente este comentario, creyendo que la paciente había estado completamente inconsciente y por lo tanto incapaz de percibir lo ocurrido. Sin embargo, cuando la paciente describió con detalle lo sucedido, la enfermera tuvo que aceptar que había sido consciente de los eventos tal como realmente ocurrieron.

Podría pensarse que se trata de un estado confuso de la mente, en el que una porción aislada de la consciencia sigue activa. No obstante, la paciente en cuestión no había experimentado histeria previamente y sufrió un evidente infarto, seguido de un desmayo por insuficiencia de flujo sanguíneo al cerebro, tal como lo sugerían los alarmantes signos externos. Estaba en coma y, teóricamente, debería haber perdido completamente la capacidad de observar y juzgar con claridad. Sin embargo, lo sorprendente fue que percibió la situación desde una perspectiva elevada, como si "sus ojos estuvieran en el techo", tal como ella misma describió.

Explicar cómo se puede experimentar y recordar un proceso mental tan intenso en un estado de colapso severo, o cómo pudo la paciente notar los eventos reales con detalles precisos con los ojos cerrados, no es tarea fácil. Se esperaría que la amnesia cerebral debilitara o impidiera la formación de procesos mentales de tal complejidad.

Sir Auckland Geddes expuso un caso muy parecido ante la Royal Medical Society el 27 de febrero de 1927, donde la percepción extrasensorial (ESP) se manifestó de manera más extensa. En un estado de colapso, el paciente experimentó como si su consciencia corporal se separara, dejando atrás su forma orgánica. Esta otra consciencia poseía ESP.

Estos casos sugieren que, incluso en estados de debilidad extrema en los que normalmente se espera una suspensión de la actividad consciente y de la percepción, aún puede existir consciencia, generación de ideas, actos de juicio y percepciones. La sensación de flotar, el cambio en el ángulo de visión, y la ausencia de sonido y percepción cinestésica sugieren un desplazamiento de la consciencia, una especie de desvinculación del cuerpo o del cerebro, donde se presume residen los fenómenos conscientes. Si esta hipótesis es correcta, cabe preguntarse si existe algún otro sistema nervioso en nosotros, aparte del cerebro, capaz de pensar y percibir, o si los procesos mentales que persisten durante la pérdida de consciencia son fenómenos de sincronicidad, es decir, eventos que no tienen una relación causal con procesos orgánicos. La posibilidad de la sincronicidad no se puede descartar, especialmente si consideramos la existencia de percepciones extrasensoriales (ESP), percepciones independientes del espacio y tiempo que no se explican por procesos en el sustrato biológico. Cuando las percepciones sensoriales son imposibles desde el inicio, probablemente estamos ante la sincronicidad. Sin embargo, en situaciones donde las condiciones espaciotemporales permitirían en principio la percepción y apercepción, donde solo la actividad consciente o la función cortical desaparecen, y aun así, se produce un fenómeno consciente como la percepción y el juicio, entonces se podría considerar la existencia de un sustrato nervioso. Aun así, casi se da por hecho que los procesos conscientes dependen del cerebro y que los centros inferiores solo contienen cadenas de reflejos inconscientes. Esto es evidente especialmente en el sistema simpático. Por esta razón, se considera que los insectos, que carecen completamente de un sistema nervioso cerebroespinal y tienen solo una doble cadena de ganglios, actúan por reflejos automáticos.

Recientemente, las investigaciones de von Frisch en Graz sobre la vida de las abejas desafían esta visión. Las abejas no solo señalan a sus compañeras la ubicación de alimento mediante un baile especial, sino que también indican su dirección y distancia, permitiendo a las recién llegadas dirigirse directamente allí. Este tipo de comunicación no difiere en esencia de la proporcionada por un ser humano. Si fuese así, consideraríamos este comportamiento como un acto consciente e intencional, y sería difícil imaginar que alguien pudiera argumentar ante un tribunal que ocurrió de manera inconsciente. Aunque basándonos en experiencias psiquiátricas, podríamos aceptar que la información objetiva se puede transmitir en estados de inconsciencia en casos excepcionales, negaríamos que estas comunicaciones sean generalmente inconscientes. Sin embargo, suponer que el proceso en las abejas es inconsciente no nos ayuda a resolver el dilema, ya que nos enfrentamos al hecho de que su sistema de ganglios alcanza resultados similares a los de nuestra corteza cerebral, sin pruebas de que las abejas sean inconscientes.

Así, llegamos a la idea de que el sistema simpático, distinto en origen y función del sistema cerebroespinal, podría efectivamente generar y percibir pensamientos con la misma facilidad que este último. Entonces, ¿qué podemos decir del sistema simpático en vertebrados? ¿Es capaz de producir o facilitar procesos mentales específicos? Las observaciones de Frisch sugieren la posibilidad de pensamientos y percepciones más allá del cerebro. Deberíamos considerar esta posibilidad para explicar la presencia de algún tipo de consciencia durante un estado de coma. En tal estado, el sistema simpático sigue activo y podría actuar como un posible mediador de funciones psíquicas. Si esto fuera cierto, cabría preguntarse si el estado de inconsciencia durante el sueño y los posibles sueños lúcidos podrían explicarse de igual manera; es decir, si los sueños son producidos no tanto por la actividad de la corteza cerebral dormida, sino por la del sistema simpático activo, siendo así fenómenos transcerebrales.

Más allá del ámbito del paralelismo psicofísico, que actualmente está fuera de nuestro completo entendimiento, la sincronicidad es un fenómeno cuya regularidad resulta difícil de demostrar. A veces, nos sorprende tanto la falta de coherencia como su presencia esporádica. En contraposición a la idea de una armonía preestablecida, el factor sincronístico sugiere la existencia de un principio intelectualmente necesario, que se añadiría como un cuarto elemento a la tríada conocida de espacio, tiempo y causalidad. Estos factores son necesarios pero no absolutos —la mayor parte de lo psíquico no es espacial, y tanto el tiempo como la causalidad son relativos psíquicamente— y de la misma manera, el factor sincronístico parece tener validez solo bajo ciertas condiciones. Sin embargo, a diferencia de la causalidad, que domina de forma despótica el mundo macrofísico y cuya universalidad solo se ve interrumpida en magnitudes menores, la sincronicidad parece estar relacionada, en principio, con condiciones psíquicas, es decir, con procesos inconscientes. Se ha observado que los fenómenos sincronísticos ocurren con cierto grado de regularidad y frecuencia en contextos intuitivos y "mágicos", donde son subjetivamente convincentes pero extremadamente difíciles de verificar de forma objetiva y no susceptibles de evaluación estadística (al menos por ahora).

Desde una perspectiva orgánica, la morfogénesis biológica podría considerarse bajo el prisma del factor sincronístico. El Profesor A.

M. Dalcq (de Bruselas) ve la forma, a pesar de su conexión con la materia, como una "continuidad superior al organismo vivo". Sir James Jeans señaló la descomposición radiactiva como uno de los eventos acausales, que incluyen la sincronicidad, mencionando: "La descomposición radiactiva parecía ser un efecto sin causa, sugiriendo que las leyes últimas de la naturaleza no son causales". Esta afirmación, profundamente paradójica y proveniente de un físico, ejemplifica el dilema intelectual presentado por la descomposición radiactiva. Este fenómeno, o mejor dicho, el concepto de "periodo medio", aparece como una manifestación de ordenación acausal, un concepto que también engloba la sincronicidad y será revisado más adelante.

La sincronicidad no se trata de una teoría filosófica, sino de un concepto empírico que introduce un principio intelectualmente necesario. No puede etiquetarse como materialismo o metafísica. Ningún investigador serio sostendría que la naturaleza de lo observado y del observador, o sea, la psique, son entidades completamente entendidas y reconocidas. Si las conclusiones recientes de la ciencia se orientan cada vez más hacia una visión unitaria del ser, caracterizada tanto por el espacio y el tiempo como por la causalidad y la sincronicidad, ello no tiene relación con el materialismo. Más bien, sugiere que podría superarse la inconmensurabilidad entre el observador y lo observado. El resultado sería una unidad del ser que necesitaría expresarse mediante un nuevo lenguaje conceptual, un "lenguaje neutro", como lo denominó W. Pauli.

El espacio, el tiempo y la causalidad conforman los pilares de la física clásica. Sin embargo, con la inclusión de la sincronicidad, estos tres se transforman en una unidad más compleja, un cuaternario que permite una comprensión integral.

La sincronicidad se relaciona con el espacio, el tiempo y la causalidad de manera similar a cómo la unidimensionalidad del tiempo se complementa con la tridimensionalidad del espacio, o como el "Cuarto" elemento en el Timeo de Platón, que solo se puede integrar gracias a la existencia de los otros tres. De la misma manera que la cuarta dimensión del tiempo revolucionó la física moderna al introducir el concepto de un continuo espacio-temporal, la sincronicidad, con su capacidad para conferir significado, propone un modelo del mundo tan complejo que resulta desconcertante. No obstante, su valor radica en que amplía nuestra visión para incluir el aspecto psicoide en nuestro entendimiento de la naturaleza, estableciendo una "equivalencia" o significado inherente. Esto retoma y resuelve una cuestión que ha permeado las reflexiones de los alquimistas a lo largo de 1500 años, encapsulada en el axioma de María la Judía: "Del tres emerge el uno como el cuatro". Este misterioso comentario valida la idea de que los nuevos puntos de vista suelen surgir no en terrenos conocidos, sino en aquellos inexplorados y a veces menospreciados. El antiguo sueño alquímico de la transmutación de los elementos, antes ridiculizado, ahora se ha hecho realidad, demostrando que su simbolismo, también objeto de burlas, es en verdad una fuente de riqueza para la psicología del inconsciente.

El dilema entre el tres y el cuatro, que recorre desde la narrativa de Timeo hasta la escena de los Cabiri en el Fausto de Goethe, fue reconocido por un alquimista del siglo XVI, Gerhard Dom, como una elección entre la Trinidad Cristiana y la serpiente con cuatro cuernos, símbolo del diablo. Esta preferencia por la cuaternidad, frecuente entre los alquimistas, fue criticada por surgir del número dos y por tanto considerada material, femenina y diabólica. Estudios posteriores han mostrado cómo el pensamiento trinitario se manifiesta en diversos textos alquímicos, señalando una transición hacia una era científica dominada por una visión triádica del mundo, que excluye la noción de correspondencias.

El descubrimiento de la radiactividad ha obligado a replantear la visión clásica de la física. Este cambio de perspectiva es tan significativo que exige una revisión del modelo tradicional. La interacción con el profesor Pauli, quien valoraba tanto mis teorías psicológicas como las físicas, permitió proponer un nuevo cuaternario que armoniza los postulados de la física moderna con los de la psicología. Este modelo redefine la oposición entre causalidad y sincronicidad, estableciendo una relación entre estos conceptos aparentemente dispares.

Desde el punto de vista psicológico, intentar explicar la sincronicidad de manera causal parece inadecuado. Los arquetipos, que denomino factores psicoides, trascienden los procesos causales aunque estén vinculados a ellos, representando un tipo especial de contingencia que no se ajusta a una relación causal definida por leyes. Esto sugiere que la sincronicidad, o los arquetipos, actúan como elementos constitutivos del mundo, ofreciendo un modelo de probabilidad psíquica que refleja los eventos instintivos. En última instancia, lo contingente, aunque pueda parecer "sin forma" desde una perspectiva intelectual, se manifiesta a través de la introspección psíquica como un tipo o imagen que abarca no solo las equivalencias psíquicas sino también las psicofísicas.

Desvestir el lenguaje conceptual de su vibrante tonalidad causal resulta un reto. Así, el término "underlying" (que yace por debajo), aunque cargado de una esencia causal, no alude a una causalidad per se, sino más bien a una cualidad inherente, a una eventualidad ineludible que simplemente es como es. La notable correspondencia o paralelismo entre un estado mental y otro físico, sin una conexión causal directa entre ambos, sugiere que estamos ante una forma de organización sin causa, una "ordenación acausal". Surge entonces la pregunta: ¿es posible o incluso necesario expandir nuestra definición de sincronicidad, que se refiere a la correspondencia entre procesos psíquicos y físicos? Esta necesidad parece evidente al considerar una visión más amplia de la sincronicidad como una "ordenación acausal". Bajo esta categoría se engloban los "actos de creación", los factores innatos como las propiedades de los números naturales, las discontinuidades en la física moderna, entre otros. Por lo tanto, deberíamos incluir en nuestra concepción ampliada fenómenos constantes y replicables experimentalmente, aunque esto parezca contradecir la esencia de los fenómenos típicamente asociados con la sincronicidad en su forma más estricta. Estos últimos, en su mayoría, son casos únicos y no replicables en el laboratorio. Sin embargo, esto no es del todo cierto, como demuestran los experimentos de Rhine y otros estudios con personas dotadas de clarividencia. Estos casos prueban que, incluso en situaciones únicas sin una medida común, existen ciertas regularidades y, por ende, factores constantes, lo que nos lleva a concluir que nuestra definición más estricta de sincronicidad quizás sea demasiado limitada y necesite ser ampliada. Personalmente, estoy inclinado a creer que la sincronicidad, en su sentido estricto, es solo un caso particular de una ordenación acausal más general: la equivalencia entre procesos psíquicos y físicos donde el observador tiene la suerte de identificar el elemento de comparación. No obstante, al reconocer la base arquetípica, surge la tentación de interpretar los procesos psíquicos y físicos independientes como un efecto (causal) del arquetipo, ignorando su naturaleza contingente. Este riesgo se mitiga al considerar la sincronicidad como un caso particular de ordenación acausal más amplia, evitando así la multiplicación innecesaria de nuestros principios explicativos. El arquetipo, siendo una forma de organización psíquica a priori introspectivamente reconocible, cuando se le asocia a un proceso sincronístico externo, se integra en el mismo esquema básico —es decir, también está "ordenado". Esta forma de organización se distingue de las propiedades de los números naturales o las discontinuidades físicas, que son eternas y regulares, mientras que las organizaciones psíquicas son actos de creación en el tiempo. Por esto, he enfatizado el factor tiempo como distintivo de estos fenómenos, a los que he denominado sincronísticos.

El descubrimiento contemporáneo de las discontinuidades (por ejemplo, la cuantificación de la energía, la desintegración del radio, etc.) ha desplazado la dominancia de la causalidad y su tríada de principios. Lo que se ha perdido pertenecía antiguamente al dominio de la correspondencia y la simpatía, conceptos que alcanzaron su apogeo con la idea de la armonía preestablecida de Leibniz. Schopenhauer, por falta de conocimiento empírico sobre la correspondencia, no percibió la futilidad de su intento por explicarla causalmente. Hoy, gracias a los experimentos de percepción extrasensorial (ESP), contamos con un voluminoso corpus de evidencia empírica. La fiabilidad de estos estudios se ilustra por el hecho de que los experimentos de ESP llevados a cabo por S. G. Soal y K. M. Goldney presentan una probabilidad de 1:1035, equivalente al número de moléculas en 250,000 toneladas de agua, un nivel de certeza raramente alcanzado en las ciencias naturales. El escepticismo excesivo hacia la ESP

carece de justificación. La principal causa de este escepticismo es, lamentablemente, la ignorancia, compañera inevitable de la especialización, que limita y oscurece la perspectiva de los estudios especializados de la manera más indeseable. No es raro descubrir que lo que se tilda de "superstición" posee un fundamento de verdad digno de exploración. Además, es posible que el significado mágico original de la palabra "deseo", aún presente en términos como "varita de los deseos", que denota no solo anhelo sino también una acción mágica, y la creencia tradicional en la eficacia de la oración, se basen en la experiencia de fenómenos sincronísticos concomitantes.

La sincronicidad no es más enigmática ni extraordinaria que las discontinuidades observadas en la física. La convicción arraigada en la omnipotencia de la causalidad es lo que nos plantea obstáculos intelectuales y nos lleva a considerar inverosímil la existencia de eventos sin causa o su eventual ocurrencia. Sin embargo, si tales eventos suceden, debemos verlos como actos de creación, como la manifestación continua de un patrón eterno que se repite con regularidad y que no emerge de ningún precedente conocido. No obstante, es crucial no caer en el error de catalogar todo suceso cuya causa nos es desconocida como "acasual". Esto solo se justifica cuando la causa es, de hecho, inconcebible. Pero la posibilidad misma de concebir una causa requiere de una evaluación crítica exhaustiva. Si el átomo hubiera cumplido con las expectativas de las antiguas concepciones filosóficas, su división sería inimaginable; sin embargo, una vez demostrado que es cuantificable, la posibilidad de su fisión se hace indudable. Las coincidencias significativas pueden ser vistas como meras casualidades; pero a medida que se acumulan y su correspondencia se vuelve más precisa y abundante, su probabilidad disminuye dramáticamente, haciéndolas extraordinariamente raras hasta el punto de que ya no pueden ser vistas simplemente como azar. En ausencia de una explicación causal, deben ser entendidas como configuraciones significativas. Como he mencionado antes, su "inexplicabilidad" no radica en que la causa sea desconocida, sino en que la causa es inimaginable en términos intelectuales. Esto se evidencia especialmente cuando el espacio y el tiempo pierden su relevancia o se vuelven relativos, ya que bajo tales condiciones, una causalidad que depende de la existencia continua de espacio y tiempo se torna inconcebible.

Por estas razones, considero esencial añadir a las nociones de espacio, tiempo y causalidad, una categoría que nos permita comprender los fenómenos sincronísticos no solo como un tipo especial de eventos naturales, sino también contemplar lo contingente tanto como un elemento universal eterno como la suma de incontables actos individuales de creación que tienen lugar en el tiempo.

5. RESUMEN

He recibido comentarios de que a varios lectores les resulta complejo seguir mis argumentos. Las nociones de acausalidad y sincronicidad, así como el experimento astrológico, parecen ser especialmente difíciles de entender. Por ello, quiero proporcionar algunas aclaraciones adicionales para resumir estos tres conceptos.

1. Acausalidad: Si las leyes naturales fuesen verdades absolutas, entonces, lógicamente, no existirían procesos que se desviaran de ellas. No obstante, considerando que la causalidad es una verdad estadística que se aplica en términos generales, permite la existencia de excepciones que deben ser posibles de experimentar, es decir, deben ser reales. Concibo los eventos sincronísticos como excepciones acausales que se manifiestan de manera relativamente independiente del espacio y del tiempo, lo que significa que el espacio no constituye una barrera para ellos y que la secuencia de eventos en el tiempo parece invertida. Por ello, puede parecer como si un evento futuro estuviera influyendo en la percepción del presente. Sin embargo, si el espacio y el tiempo son relativos, entonces la causalidad también pierde su validez, ya que la secuencia de causa y efecto queda relativizada o anulada.

2. Sincronicidad: A pesar de haberlo advertido antes, observo que algunos críticos han confundido este término con sincronismo. Por sincronicidad, me refiero a la ocurrencia de coincidencias temporales significativas, que pueden presentarse de tres maneras:

- a) La coincidencia entre un estado psíquico y su proceso objetivo correspondiente, sucediendo ambos de forma simultánea.

- b) La coincidencia de un estado psíquico subjetivo con un fantasma (sueño o visión) que luego se manifiesta como un reflejo más o menos preciso de un evento "sincronístico" objetivo que ocurre de manera más o menos simultánea, aunque a distancia.

- c) Lo mismo que el anterior, excepto que el evento percibido ocurre en el futuro y está representado en el presente únicamente por un fantasma que se corresponde con él.

Mientras que en el primer caso un suceso objetivo coincide con un contenido subjetivo, en los otros dos casos la sincronicidad solo puede verificarse a posteriori, aunque el evento sincronístico en sí está constituido por la coincidencia de un estado psíquico neutro con un fantasma (sueño o visión).

3. El Experimento Astrológico. Se realizó un análisis estadístico sobre cincuenta aspectos relevantes en el contexto de las relaciones matrimoniales. Este estudio reveló que, al clasificar al azar tres grupos de horóscopos, se observó una mayor incidencia en tres conjunciones lunares específicas. Aunque la probabilidad de obtener tales resultados por casualidad es de 1 en 1500, esto no es tan significativo como para esperar una repetición en un segundo grupo, donde la probabilidad disminuye a 1 en 22,500. Tal repetición se consideraría altamente improbable. Si ocurre una tercera vez, podríamos inferir la presencia de un fenómeno de sincronicidad, con una probabilidad elevada a 1 en 2.5 millones. Es crucial señalar que las conjunciones lunares destacadas no son aleatorias, sino que corresponden a los pilares fundamentales del horóscopo, presentándose en un orden específico. Este patrón sugiere una improbabilidad que podría interpretarse erróneamente como un intento de manipulación de resultados en favor de la astrología, a pesar de la predisposición escéptica inicial.

Sobre Carl Jung

La contribución de Carl Gustav Jung (1875-1961) aborda el estado psicológico del ser humano contemporáneo, enfocándose en el significado vital para individuos y culturas. Jung, quien comenzó su carrera como psiquiatra en 1900, colaboró estrechamente con Sigmund Freud y otros psicoanalistas de la época, llegando a presidir la Asociación Psicoanalítica Internacional. Tras distanciarse de Freud, Jung no abandonó la exploración del inconsciente, expandiendo el campo del psicoanálisis hacia la psicología de lo colectivo y la finalidad psicológica. A lo largo de su carrera, desarrolló conceptos como el de complejos emocionales, el inconsciente colectivo, los arquetipos, y la sincronicidad, explorando las dimensiones colectivas e históricas de la psique. Jung, como ciudadano suizo, fue testigo de los cambios sociales y culturales del siglo XX, lo que enriqueció su práctica psicoterapéutica y sus teorías, culminando en una antropología simbólica que vincula la psicología con la historia humana y abre nuevas vías de investigación en ciencias como la física y la psicología.

Como psiquiatra, Jung presentó una perspectiva psicoanalítica pionera sobre la psicosis, abriendo el camino no solo para su comprensión sino también para su tratamiento. Desafiando el desánimo terapéutico prevalente en muchas corrientes de la psiquiatría, propuso que lo que comúnmente se denomina enfermedad mental representa el esfuerzo último de ciertos individuos por mantenerse conectados con su esencia, su propósito y su verdad. Como psicólogo, amplió significativamente el entendimiento de la psique individual mediante la introducción del concepto de inconsciente colectivo. En respuesta a la fragmentación social, la visión de Jung sobre la humanidad sugiere que cada persona está intrínsecamente vinculada al destino colectivo de la humanidad. Además, desarrolló una tipología de caracteres que facilita la comprensión de las conductas y tensiones humanas comunes.

En su faceta de antropólogo, Jung se distingue por su análisis de la humanidad como fenómeno natural, trazando la evolución desde un origen dominado por lo colectivo hacia la prevalencia de lo individual en la actualidad.

Focalizó su investigación en la creación de símbolos, destacando su importancia para la salud tanto individual como colectiva. Como humanista, exploró en profundidad la mitología y la esfera religiosa, aportando nuevas perspectivas que han iluminado los estudios culturales. Su obra representa un viaje apasionado a través de los diversos dominios de la imaginación humana, buscando comprender su dinámica y límites, y cómo estos contribuyen a la formación de la consciencia y el sentido de la existencia.

Como científico de lo natural, Jung introdujo conceptos como la materia psicoide y la sincronicidad, ofreciendo herramientas intelectuales para abordar fenómenos que se escapan del alcance de las ciencias convencionales. Esto lo logró sin omitir los hechos observables, gracias a su visión de un cosmos regido por principios ordenados. En el ámbito de la filosofía, Jung se posiciona como un autor clave para comprender la interacción entre Oriente y Occidente, así como el papel de la filosofía hermética en el desarrollo del imaginario y la simbología occidentales, abogando por la valoración de la tradición en contraposición a su desvalorización o supresión.

En el plano espiritual, Jung y su círculo de colaboradores destacan como promotores del concepto de un ser humano universalmente interconectado con el cosmos. Abogó constantemente por la libertad del individuo y la importancia de la consciencia frente a las fuerzas del oscurantismo y el miedo. Su ética, resonante con los principios de toda psicoterapia dinámica, enfatiza la importancia de reconocer y asumir nuestra propia sombra, es decir, aquellos aspectos reprimidos o subdesarrollados de nuestro ser. Jung nos invita a enfrentar internamente aquello que criticamos externamente, fomentando la responsabilidad individual en la resolución de problemas colectivos. A diferencia del Psicoanálisis tradicional, subraya la importancia de los arquetipos en la formación de los órdenes simbólicos que anclan nuestra consciencia individual.

FIN

www.ingramcontent.com/pod-product-compliance
Lightning Source LLC
Chambersburg PA
CBHW070457100426
42743CB00010B/1656